Johann Gottlieb Töllner

Versuch eines Beweises der christlichen Religion für Jedermann

Johann Gottlieb Töllner

Versuch eines Beweises der christlichen Religion für Jedermann

ISBN/EAN: 9783743478442

Hergestellt in Europa, USA, Kanada, Australien, Japan

Cover: Foto ©Lupo / pixelio.de

Weitere Bücher finden Sie auf **www.hansebooks.com**

D. Johann Gottlieb Töllners

Versuch

eines

Beweises

der

Christlichen Religion

für Jederman.

Mitau,
bei Jakob Friederich Hinz
1772.

Vorbericht
an theologische Leser.

Lange habe ich den Wunsch bei mir getragen, einen Beweis für die Wahrheit der christlichen Religion geführt zu sehen, der gründlich und doch nicht gelehrt wäre, eine wirklich zu Ende gebrachte Gewisheit ertheilte, und doch keine gelehrte Hülfsmittel, auch kein gelehrtes Nachdenken erforderte: einen wahren Beweis für Jederman. Endlich habe ich selbst dergleichen versucht. Ich erkenne nicht undankbar die Verbesserungen, welche der christliche Unterricht auch von Seiten dieses Beweises mannigfaltig bereits empfangen hat. Nicht leicht setzt man es mehr, wie ehedem, als eine Sache voraus, die keines Beweises bedürfe, daß die heilige Schrift und der darin verfaßte Lehrbegrif von Gott ist. Es müßte Jemand auch sehr ungeschickt oder unwissend seyn, der noch in unsern Tagen zu diesem oder irgend einem andern Beweise für hinlänglich hielte, den Beweisgrund anzugeben: der seinen Schüler anwiese, den göttlichen Ursprung der christlichen Religion entweder wegen der innern Vortreflichkeit derselben, oder wegen der zur Bestätigung desselben geschehenen Wunder zu glauben, ohne ihm die Folge deutlich zu machen. Und ich eigne mir auf keine Weise das Verdienst zu, gelehrte und nicht gelehrte Beweise für das Christenthum zuerst unterschieden, und einen Beweis der letztern Art entworfen zu haben. Aber augenscheinlich sind die gewöhnlichen Beweise sämtlich, entweder **gelehrte** oder **unvollendete** Beweise: und ich verliere darüber kein Wort, daß für die Ueberzeugung des unstudirten Christen weder mit dem einen noch mit dem andern wirklich gesorgt ist. Man ist ziemlich durchgängig von dem Vorurtheile zurückgekommen, daß der Glaube dem gemeinen Christen weder bewiesen werden könne, noch bewiesen werden dürfte, daß man ihm blos zurufen dürfe: **thue das, so wirst du es erfahren.** Man ist darüber einig, daß die Wahrheit des Christenthums auch dem unstudirten Christen erwiesen werden müsse, und anders

als

als dem studirten. Wer solches noch in unsern Tagen für unnöthig hielte, müßte die Gefahren für den Glauben nicht kennen, welchen auch der unstudirte Christ unterworfen ist.

Aber die Beschaffenheiten eines wahren Beweises für Jederman! Das entging Niemande, der dergleichen bisher versuchte, daß es ein Jederman faßlicher Beweis seyn müßte: daß nicht nur der gewählte Beweisgrund, sondern auch der daraus geführte Beweis ohne gelehrte Hülfsmittel und ohne gelehrtes Nachdenken verständlich seyn müsse. Denn kein Beweis kann überzeugen, der nicht verstanden wird. Wenn mir ein Katechismus in die Hände fällt, in welchem die Wirklichkeit Gottes aus der Zufälligkeit der Welt hergeleitet wird; so lese ich nicht ein Blatt weiter. Und das ist so einleuchtend, daß es uns förmlich befremden muß, wenn wir es gleichwol nicht durchgängig beobachtet finden. Ich erinnere blos, daß auch der Vortrag für Jederman verständlich seyn muß: daß nicht vom Creditiv eines göttlichen Gesandten, von einem entzifferten und unentzifferten Creditiv desselben, von Thatsachen für das Christenthum, u. s. w. geredet werden kann. Aber ich lasse mir nicht ausreden, daß ein wahrer Beweis für Jederman nicht blos ein verständlicher, sondern auch ein wahrhaftig überzeugender Beweis seyn muß.

Und darauf gründe ich drei Regeln. Die erste: es muß kein blos überredender Beweis seyn. Damit schliesse ich nicht nur schlechterdings alle bloße Scheingründe von demselben aus, welche nicht in der Prüfung bestehen. Ich verlange zugleich, daß keine verworrene, sondern eine deutliche Gewisheit besorgt werden müsse. Unsern Lesern oder Zuhörern muß nicht blos das Urtheil abgenöthigt werden, daß die Religion von Gott sey; sie müssen sich auch wohl bewust geworden seyn, warum es nicht anders seyn kann. Sie müssen in den Stand gekommen seyn, Grund zu geben der Hofnung, die in ihnen ist. Widrigenfals ist ihre Ueberzeugung nicht wirkliche Ueberzeugung. Die zweite: es muß kein bis zu bloßer Wahrscheinlichkeit reichender Beweis seyn: in der Bedeutung, in welcher wir Wahrscheinlichkeit und Gewisheit einander entgegen stellen. Ich begehre, Gewisheit hervorgebracht zu sehen: weil doch Gewisheit auch für Jederman möglich ist. Freilich keine andere als moralische; aber doch Gewisheit. Hiemit hängt die dritte Regel gewissermaßen zusammen: es muß ein vollendeter Beweis seyn. Darüber muß ich mich erklären. Zur Ausübung ist das Urtheil nothwendig, daß die Religion wahr ist; aber es ist gleich viel, ob dis Urtheil eine Folge wahrer und gewisser Gründe für die Wahrheit derselben ist, oder nicht,

Es ist genug, wenn das Urtheil in der Seele feste steht, daß sie wahr ist. Und bei dem größten Theile der Menschen gehört sehr wenig dazu, damit es fest stehe. Der größte Theil glaubt blindlings, was er andere neben sich glauben sieht. Aber ist es dem Religionslehrer erlaubt, sich dieser Leichtgläubigkeit des grossen Haufens zu bedienen? Setzt er ihn nicht in Gefahr, mit demselben blinden Glauben auch die größten Irrlehren in der Religion anzunehmen, mit welchem er die Wahrheit und Göttlichkeit derselben von ihm annahm? Und steht denn ein darauf gegründetes Urtheil auch unter Zweifeln und Einwürfen fest? Oder kann die Religion nicht dem Unstudirten, wenn sie ihm niemals wahrhaftig gewiß geworden war, sowohl in der Folge problematisch werden, als dem Studirten? Ich verspreche mir darüber durchgängigen Beifall, daß der Glaube an das Christenthum kein blinder Glaube seyn müsse. Und so muß der Beweis für das Christenthum ein vollendeter Beweis seyn: es muß dabei nichts als wahr vorausgesetzt werden, ohne einen hinreichenden Grund für die Wahrheit. Der gemeinste Beweis wird aus den Wundern und Weissagungen geführt. Aber die Wahrheit der erstern beruht auf die Glaubwürdigkeit der heiligen Geschichtbücher; und die Wahrheit der andern auf dem Alter derselben. Selten findet man nöthig, das eine oder das andere seinem Schüler auch zu erweisen. Das ist ein unvollendeter Beweis. Sein Anfang ist ein blinder Glaube, daß die Geschichtbücher wahr, und die Weissagungen so alt sind. Freilich fällt es den wenigsten ein, das eine oder das andere in Zweifel zu ziehen. Aber es kann ihnen einfallen: und wir sorgen für ihren Glauben nicht wahrhaftig, wenn wir nicht für eine vollendete Gewisheit in demselben sorgen. Es ist um alle Schlüsse aus den Wundern und Weissagungen gethan, wenn unser Schüler auf den Gedanken kömmt, daß die Wirklichkeit der Wunder und Weissagungen vorher erwiesen seyn sollte. Ein gewisser Punkt wird sich uns bei Leuten von einem gemeinen Nachdenken wohl allezeit ergeben, bis zu welchem wir die Sache bei ihnen nur fortführen können und dürfen. Ein Unterschied zwischen einem gelehrten und **nicht gelehrten zu Endegebrachten Beweise** wird allezeit bleiben. **Aber zu Ende gebracht muß er werden.**

Und nun scheint es mir, daß mein Versuch nicht überflüßig seyn werde. Man betrachte die gewöhnlichen Beweise für das Christenthum! Und die besten derselben! Nachdem ich alles wohl überdacht habe: glaube ich, von einem wahren Beweise für Jederman viererlei klar zu sehen: 1) daß derselbe nicht anders als aus den Wundern geführt werden kann: 2) daß er sich folglich in die

die Glaubwürdigkeit der biblischen Geschichte auflöset: 3) daß die Glaubwürdigkeit der Wunder Christi und mithin der evangelischen Geschichte dabei nicht nur zum Zweck hinreichend, sondern auch allein Jederman wohl zu erweisen ist: und 4) daß solche schlechterdings nicht aus den äussern sondern allein aus den innern und allein aus gewissen innern Merkmalen der Glaubwürdigkeit derselben zu erweisen ist. Weil darauf die ganze Beurtheilung meines Beweises beruhet; so traue ich theologischen Lesern die Gedult zu, meine Erklärung über jeden Punkt zu lesen. Den ersten und vierten muß ich ausführen, über den zweiten und dritten kann ich kurz seyn.

Verschiedne angesehene neuere Gottesgelehrte haben sich gewissermaßen wider den **Beweis aus den Wundern** erklärt: und nach der Achtung, welche ich für ihre Einsichten hege, wäre ich sehr geneigt, den Beweis aus der Lehre vorzuziehen. Alle positive Religionen der Welt berufen sich auf Wunder; aber der Beweis aus der Lehre ist der christlichen allein eigen. Und wie scheinbar sind die Einwürfe gegen die Wunder! Aber Gott hat doch den Glauben mit Wundern bestätigt; und eine glaubhafte Nachricht davon in den heiligen Geschichtbüchern besorgt. Sollte er sich über die Nothwendigkeit oder allgemeine Brauchbarkeit derselben zum Beweise des Christenthums geirrt haben?

haben? Dieser Umstand allein würde mir bereits nicht erlauben, den Beweis aus den Wundern hindanzusetzen. Aber hier ist, was sich mir über die vorzügliche Nothwendigkeit und Brauchbarkeit desselben zur gemeinen Ueberzeugung darstellt. Die Wahrheit der christlichen Religion hängt an der Göttlichkeit derselben: bei diesem Punkte fängt meine Betrachtung an. Es ist selbst ein Lehrstück in derselben, daß sie göttlich ist: daß ihr Urheber ein göttlicher Gesandte war, und seine ganze Lehre unmittelbar von Gott hatte. Und offenbar beruht alle Ueberzeugung von den derselben eigenen lautern Lehren auf der Ueberzeugung, daß es von Gott geoffenbarte Lehren waren. Diese Lehren haben kein ander entscheidendes Merkmal der Wahrheit, als das Zeugnis Gottes für dieselben: Also giebt es keinen Beweis für die Wahrheit der christlichen Religion ohne Beihülfe der in den heiligen Büchern versicherten göttlichen Offenbarungen. Es ist dabei gleichgültig, ob Gott dieselben unter mehrere vertheilt, oder diesen und jenen in ihr aufgestellten Religionslehrern über den ganzen von ihm unmittelbar zu ertheilen beschlossenen Religionsunterricht wunderthätig erleuchtet hat. Aber die Wahrheit göttlicher darüber ehedem geschehener Offenbarungen muß erweislich seyn, und jedem, dem die Wahrheit desselben erwiesen werden soll, erwiesen werden. Aller nun

davon

davon mögliche Beweis ist entweder aus innern in den von den göttlichen Religionslehrern vorgetragenen Sachen enthaltenen Gründen, oder aus glaubwürdigen Zeugnissen für die ihnen wiederfarnen Offenbarungen herzunehmen. Bei dem erstern muß zu erweisen seyn, daß ihnen die Erkenntnis derselben nicht natürlich möglich war; und dabei können theils die von ihnen vorgetragenen Lehren, theils die von ihnen ausgesprochnen Weissagungen gebraucht werden. Der andere kann entweder aus dem eignen glaubwürdgen Zeugnisse der heiligen Männer, und mithin aus den Stiftern der christlichen Religion, oder er kann aus dem Zeugnisse Gottes für die Wirklichkeit der von ihnen behaupteten Sendung geführt werden. Die Zeugnisse andrer Menschen kommen durchaus in keine Betrachtung, als sofern sie das eine oder das andre überliefern und bestätigen. Ich glaube, Gründe zu erkennen, nach welchen weder der Beweis aus der Lehre noch aus den Weissagungen, noch aus den Stiftern der christlichen Religion ein wahrer vollendeter Beweis für Jederman werden kann. Und so bleibt denn keiner als der Beweis aus dem Zeugnisse Gottes, und das ist der Beweis aus den Wundern übrig. Ich will meine Gründe wider jeden vortragen.

Der erste, welcher sonst geführt werden könnte, wäre der Beweis aus der Lehre. Herr Bä-

Basedow gründet ihn darauf, daß sie die beste Religion ist. Es ist wahr, daß keine einzige Religion in der Welt dem Zwecke der Religion in dem Grabe ein Genüge thut: in dem Grabe beruhigt und heiligt. Und das kann Niemand bei der kleinsten Bekantschaft mit derselben verkennen. Der Deist kann es nicht verkennen. Hiernächst aber auch was für eine überdem merkwürdige Religion! Durch und durch, sofern sie auch natürlich bekannte Wahrheiten begreift, vernunftmäßig, und in Ansehung der ihr eignen Lehren doch vernünftig höchst wahrscheinlich. Sie fasset vollständig die ganze Vernunft in sich: und füllt augenscheinlich die Lücken aus, welche die Vernunft lässet. Für mich durfte Ein Wunder zum Beweise derselben geschehen seyn. Die Lehre selbst ist mir Wunder genug. Warum waren denn einige Juden, lauter Leute aus einem Volke, das sich niemals im Anbau des Verstandes vor andern Völkern hervorgethan hat, die einzigen zu ihrer Zeit in der Welt, welche von Gott und dem ihm zu leistenden Dienste vernünftig dachten? Wie ist es zu erklären, daß sie auch nicht in irgend einem Punkte von demjenigen, was die tiefsinnigste Vernunft in Sachen Gottes und der Menschen bestimmt, abwichen? Und woher diese dem ersten Ansehen nach so widersinnige Lehren, welche gleichwol genauer betrachtet selbst tiefsinnige Vernunft sind?

sind? Und ein so durchgängiger Zusammenhang, eine so durchgängige Zusammenstimmung in der ganzen Lehre? Und in einer so sehr zusammengesetzten Lehre? Und dis ohne daß die Verfasser ein Lehrgebäude vor sich hatten, oder auch nur einer oder der andere derselben ein Lehrgebäude machten. Ich kann die ausserordentliche Erleuchtung, deren die Urheber dieser Lehre genossen haben müssen, nicht verkennen. Aber dürfte nun auch dieses ein Beweis für Jederman seyn oder werden können? Ich berühre blos, daß er auch in Ansehung eines jeden, der ihn völlig zu übersehen geschickt ist, doch nicht weiter als bis zu einer sehr großen Wahrscheinlichkeit reicht: daß doch Niemand mit völliger Gewisheit sagen kann: so viel war den Verfassern natürlich und so viel war ihnen nicht natürlich möglich. Die Wahrscheinlichkeit ist so groß, daß sie die Stelle einer völligen Gewisheit vertreten kann. Aber ein Unstudirter scheint mir durchaus nicht aufgelegt, sie zu empfinden. Das muß ihm wohl in die Augen leuchten, daß die ganze Religion Jesu zur Tugend und zu einer recht vollständigen lautern Tugend, daß auch alles in derselben dazu gerichtet ist, den Menschen ruhig und glücklich zu machen. Aber damit leuchtet ihm nichts weiter als die Vortreflichkeit, Schönheit, und grosse Nützlichkeit derselben in die Augen. Ihre Wahrheit und Göttlichkeit ist damit

noch

noch nicht entschieden. Und zu der Einsicht, daß keine Religion in der Welt in demselben Grade den Zwecken der Religion entspricht, müßte er eine Vergleichung derselben anstellen können, welche von ihm nicht zu fordern ist. Voltäre weicht den darin liegenden Beweisen auf eine andre Art aus. Er frägt, ob je ein Religionsverehrer gewesen sey, der Hurerey und Diebstahl gelehret habe, oder auf Anhang und Beifall hätte rechnen können, wenn er Hurerey und Diebstahl gelehret hätte. Ja, zur Ehre der Menschen kann man ihm einräumen, daß Niemand das Vertrauen der Welt sich erwerben konnte, der nicht die Tugend predigte, und daß das Vertrauen grösser seyn mußte, je vollkomner die Tugend war, welche er predigte. Hiernächst aber welcher Unstudirter kann denn übersehen, daß die christliche Religion durch und durch vernünftig, theils vernunftmäßig, theils doch vernünftig ausnehmend wahrscheinlich ist? Und übersehen, daß es ihren Urhebern nicht natürlich möglich gewesen seyn kann, einen so durchgängig vernünftigen nach allen seinen Theilen recht zusammenhängenden und dabei doch so zusammengesetzten gelehrten Lehrbegrif von Gott und den Menschen hervorzubringen? Zur Beurtheilung des erstern gehöret Einsicht in die gesammte theoretische und praktische Weltweisheit; und zu dem andern eine sehr ausgebreitete Erkenntnis nicht

nur

nur des menschlichen Verstandes überhaupt, sondern auch von den Umständen der heiligen Männer, von dem Unterrichte, welchen sie genossen hatten, und von der Ausbildung des Verstandes und der Schranken desselben unter ihrem Volk überhaupt. Ich kann nicht begreifen, wie es so gemein werden können, die Vernunftmäßigkeit desselben allen Arten von Leuten anzupreisen, und solche bey allen Arten von Leuten zur Empfehlung desselben zu gebrauchen. Um solche zu übersehen, sind doch wahrhaftig nicht einige Hauptwahrheiten der natürlichen Erkenntnis Gottes hinreichend, welche bei einer guten Lehrart demselben allezeit vorgesetzt werden. Wird vollends begehrt, daß ein jeder höchst unwahrscheinlich finden müsse, daß die Lehrer des Christenthums eine so vortrefliche Lehre aus sich selbst hervorgebracht haben sollten; so wird ausser einer sehr vollständigen zur Vergleichung unentbehrlichen Erkenntnis der Vernunft und Schrift noch die Geschichte der Philosophie und des menschlichen Verstandes erfodert. Der Beweis aus der Lehre ist augenscheinlich ein gelehrter Beweis. Ich habe nichts dawider, daß, wie in einigen neuern Lehrbüchern und bereits von Locken geschehen ist, ein Abriß von der christlichen Lehre dem Beweise aus den Wundern vorangesetzt werde. Das kann sehr nützlich seyn, das Gemüth zu dem Beweise vorzubereiten: in ihm den Wunsch ein-

einzuflößen, daß die Wahrheit und Göttlichkeit dieser Lehre erweislich seyn möge: und ihm vorher hinlänglich klar zu machen, was ihm erwiesen werden soll. Das betrift also blos die Methode. Aber noch ist mir Niemand, der sich dieser Lehrart bedient hat, vorgekommen, der es bei einem blossen Abrisse von der Lehre gelassen hätte: der nicht gemerkt hätte, daß damit nichts weiter als die Möglichkeit, daß diese Lehre von Gott sey, entschieden werde. Ich berühre blos, daß es in dem geoffenbahrten Lehrbegrif auch nicht an Lehrpunkten fehlt, deren Vernunftmäßigkeit gewiß nicht einleuchtend ist. Freilich ist von verschiednen derselben noch zu untersuchen, ob sie auch wirklich Theile des in der Schrift gelehrten Lehrbegrifs sind. Unsere Systeme hatten bisher ohnleugbar derselben mehr als die Bibel. Aber die Geschichte des Sündenfals, unsere durch den Tod Christi geschehene Erlösung, und die zukünftige Auferstehung der Todten hat die Bibel ohnstreitig. Dis leitet mich zu einer wirklichen Bedenklichkeit in Ansehung des Beweises aus der Lehre. Mit dieser Beweisart wird unvermerkt ein Vorurtheil gegen alle diejenigen Lehren erweckt, deren Vernunftmäßigkeit zweifelhaft bleibt. Und dem Unstudirten muß solche in Ansehung derselben nicht weniger zweifelhaft bleiben. Seine Ueberzeugung wird, wie es mir scheint, zuverläßiger besorgt, wenn sie

auf

auf den äußern als wenn sie auf den innern Merkmalen von der Göttlichkeit der christlichen Religion gegründet wird.

Bey dem Beweise aus den Weissagungen darf ich mich gar nicht verweilen: das ist offenbar ein gelehrter Beweis. Ich gedenke nicht an die Auslegungswissenschaft, welche bey den mehresten zum Verstande derselben und zur Gewisheit vom Verstande derselben unentbehrlich ist. Dieser Beweis erfordert schlechterdings doppelte Gewisheit: die Gewisheit vom Alter und die Gewisheit von der Erfüllung derselben. Aber die eine und die andere ist nicht ohne gelehrte Hülfsmittel, ohne Kritik und Geschichte möglich. Und wollten wir uns auch blos auf diejenigen Weissagungen einschränken, deren Erfüllung fortdauert, und vor eines jeden Augen vorhanden ist; so würde zwar zur Ueberzeugung von der Erfüllung von derselben nicht Geschichte nöthig seyn; aber doch immer Gewisheit, von dem Alter derselben. Und wie wenn unser unstudirter Schüler gegen Eine vor seinen Augen erfüllte Weissagung zehn und mehr andre vorfindet, über deren Erfüllung er wenigstens sein Urtheil aufschieben muß? Ihr sagt, daß ihn der Beifall der Gottesgelehrten, welche die Sache untersucht haben können, beruhigen muß. Aber das wird blinder Glaube und nicht Ueberzeugung. Ich bemerke nur noch, daß der Beweis

auf

aus den Weissagungen sich doch im Grunde in den Beweis aus Wundern auflöset: und daß sich selbst der Beweis aus der Lehre dahin endlich auflöset. Die Weissagungen sind entweder belehrende z. E. vom zukünftigen Gerichte, oder bestätigende. Hieher gehören nur eigentlich die leztern. Sie bestätigen aber augenscheinlich nicht anders, als sofern sie ein ihren Urhebern widerfahrnes Offenbarungswunder erweisen. Und bei dem Beweise aus der Lehre komt es doch endlich darauf hinaus, daß den Verfassern diese Lehre nicht natürlich möglich war. Diese Bemerkung dürfte für diejenigen nicht ganz unnütz seyn, welchen der Beweis aus den Wundern nicht recht gefällt.

Ich gehe zu dem Beweise aus den Lehrern oder Urhebern der christlichen Religion. Entweder es wird aus den Umständen derselben erwiesen, daß ihre Lehren nicht ohne eine ausserordentliche Erleuchtung darüber zu erklären ist: und so haben wir den vorigen Beweis. Oder es wird gezeigt, daß ihr Zeugniß von dem göttlichen Ursprunge ihrer Lehre ein höchst glaubwürdiges Zeugniß ist: und so verdient er eine besondere Betrachtung. Ausser dem Beweise aus den Wundern wüßte ich keinen, der ihm an Stärke gleich wäre: und er beruht auf gewissen aus den Umständen, Handlungen, Lehren, auch Schriften der Religionslehrer gezogenen Schlüssen, die ein jeder machen kann.

kann. Die Urheber des Christenthums waren augenscheinlich Leute von gesundem Verstande, die es daher wohl haben wissen und unterscheiden können, ob sie göttliche Eingebungen genossen, oder nicht. Aber dafür redet alles, daß sie nicht willens gewesen seyn können, die Welt zu betrügen. Es ist ihnen augenscheinlich blos um die Tugend zu thun: nirgends um mit ihren Einsichten zu pralen, sondern blos um ihre Leser und Zuhörer zu bessern und im Guten zu befestigen. Und daß sie keine Heuchler waren, davon zeugen ihre Reden und Schriften. Wer es zu beurtheilen fähig ist, sieht klar, daß sie einen eignen anschauenden Begrif von der Gottseeligkeit hatten, welche sie zu befördern suchten. Sie kannten nicht nur wahrhaftig die Tugend; sondern noch einmal, ihre Reden und Schriften sowohl als ihre Handlungen erweisen unwiderleglich, daß sie dieselbe auch aus Erfahrung kannten. Und diese Leute solten sich fälschlich wider ihr besser Wissen und Gewissen einer göttlichen unmittelbaren Belehrung über die von ihnen verkündigten Lehren gerühmt haben? Ich übergehe, daß sie gröstentheils geringe, einer solchen Unternehmung unfähige, und dazu viel zu furchtsame Leute waren. Ihre Frömmigkeit ist hinreichend, ihre Aufrichtigkeit ausser allen Verdacht zu setzen. Und die Standhaftigkeit, mit welcher sie den göttlichen Ursprung ihrer Lehren sämtlich bis ans Ende, und

noch)

noch im Angesichte des fürchterlichsten Todes behaupteten, beweiset ihre Gewisheit von dem göttlichen Ursprunge derselben. Paulus ermahnt den Timotheus noch im Angesichte eines nahen schrecklichen Todes, daß er dem Evangelio treu bleiben, und das Amt eines evangelischen Lehrers fortgesezt gewissenhaft ausrichten möge, welches er ihm übertragen hatte *). Die Deisten wissen sich nicht anders zu helfen, als daß sie Schwärmer gewesen seyn dürften. Sie Schwärmer, deren Lehren lauter gesunder Verstand, die vortreflichste Moral, und das vollkommenste Lehrgebäude von Gott und dem Menschen war?

Aber ich finde doch Bedenken, diesen Beweis dem Beweise aus den Wundern vorzuziehen. Ich nehme an dem Einwurfe des Spinoza durchaus nicht Theil, daß nirgends klar sey, daß sie ihre Lehre für unmittelbar göttlich erklärt haben sollten. Und mich beunruhiget auch auf keine Weise die Möglichkeit, daß sie blos aus einer frommen Absicht göttliche Offenbarungen vorgegeben haben sollten. Dawider streiten ihre häufige Warnungen für Betrug und Unwahrheit. Es stehen mir zwo Bedenklichkeiten vornemlich im Wege, diesen Beweis zum Beweise des Christenthums für jederman zu erwählen. Die erste ist, daß Niemand fähig ist, die aus den Reden und Schriften der heiligen

---

*) 2 Tim. 4, 1-6.

ligen Männer hervorleuchtenden Erfahrungen derselben von der wahren Gottseeligkeit wahrzunehmen, der nicht selbst eine Erfahrungserkentniß von derselben hat. Und die andern, daß Unstudirten kaum deutlich zu machen ist, wie dieselben von den ihnen widerfahrnen größtentheils innern Offenbarungen haben gewiß werden können. Bei dem Beweise aus den Wundern brauchen wir uns darauf gar nicht einzulassen. Aber wenn ihr Zeugniß von der Göttlichkeit ihrer Lehre glaubwürdig seyn soll; so muß erwiesen werden, daß sie sich in Ansehung der von ihnen behaupteten Offenbarungen nicht geirret und dergleichen fälschlich zu haben überredet haben können. Und das leitet mich noch zu einer Frage: endigt sich dieser Beweis doch in der Glaubwürdigkeit ihres Zeugnisses in Ansehung des ihnen widerfahrnen Offenbarungswunders: warum sollte dasselbe nicht von gleichem Gewichte in Ansehung der von ihnen gemeldeten Bestätigungswunder seyn? In Ansehung dieser war doch Irrthum und Selbstbetrug bey ihnen noch unmöglicher, als in Ansehung jener.

Entweder es giebt gar keinen rechten Beweis des Christenthums für Jederman; oder der Beweis aus den Wundern ist dergleichen. Das glaube ich hinlänglich erwiesen zu haben. Ich setze zwo Betrachtungen hinzu, welche gewiß sehr laut für die allgemeine Brauchbarkeit dieses Beweises reden.

reden. Die erste ist, daß weder Christus noch die Apostel die Göttlichkeit ihrer Lehre irgendwo aus der Beschaffenheit ihrer Lehre oder aus der Beschaffenheit und Frömmigkeit ihrer Personen erweisen; sondern sich durchgängig auf die zum Beweise derselben vorgegangenen Wunder berufen. Die Werke, die ich in des Vaters Nahmen thue, zeugen von mir *). So redet Christus. Und Gott bestätigte das Wort mit nachfolgenden Zeichen **): und Gott hat ihr Zeugniß gegeben mit Zeichen und Wundern und mit mancherlei Kräften und mit Austheilung des heiligen Geistes nach seinem Willen ***). Das sind die Beweise, auf welche sich Christus und die Apostel berufen. Und wenn auch einige Stellen, die man eben dahin zu erklären pflegt, wenn auch z. E. in Ansehung der Beweise des Geistes und der Kraft, mit welchen Paulus seine Lehre unterstützt zu haben behauptet †) ein neuer Ausleger Recht haben sollte, daß solche nicht von der Kraft und Vortreflichkeit der von ihm gepredigten Lehre verstanden werden müßten: würde denn damit aufgehoben, daß sich Christus und die Apostel ordentlicher Weise auf die Wunder berufen haben? Und

kön-

---

*) Joh. 10, 25. Cap. 5, 36.
**) Marc. 16, 20.
***) Hebr. 2, 4.
†) 1 Cor. 2, 4.

können wir denn irren, wenn wir ihnen darin nachahmen? Die zweite Betrachtung: und wenn es auch mehr Beweise für Jederman geben sollte; so ist doch der Beweis aus den Wundern wahrhaftig ein Beweis für Jederman. Der einfältigste Mensch übersieht, daß Gott nicht eine falsche Lehre mit Wundern bestätigt haben kann. Und die historische Wahrheit der in der Schrift erzählten Wunder kann mit Jederman verständlichen und genugthuenden Beweisthümern erwiesen werden. Es sind doch unzählige Menschen von allerley Fähigkeit und Gemüthsart durch die Wunder wirklich überzeugt und zum Glauben gebracht worden. Also muß es auch ein Beweis für allerley Leute seyn.

Ich eile zu dem zweiten Punkte, daß es also auf die historische Wahrheit und Glaubwürdigkeit der in der heiligen Schrift verfaßten Geschichte ankömt. Dieses bedarf keiner Ausführung. Es komt also darauf an, daß es mit den in der Schrift gemeldeten göttlichen Offenbarungen und unmittelbaren Erleuchtungen über den in derselben verfaßten Lehrbegrif, und mit den zum Beweise derselben vorgegangenen Wundern seine Richtigkeit hat. Und das ist, auf die Wahrheit der heiligen Geschichte. Ich will doch, ehe ich weiter gehe, vier Einwendungen nicht unbeantwortet lassen, welche gegen den Beweis aus den Wundern und gegen die Brauchbarkeit desselben zu einer gemeinen Ueberzeugung gemacht werden könnten. Die erste ist, daß es so gar viele scheinbare und selbst gelehrte Einwürfe gegen den Beweis aus den Wundern giebt, welche auch nicht anders als gelehrt gehoben werden können. Ich gebe es zu. Aber sind sie gelehrt; so werden sie auch von keinem Ungelehrten gemacht werden. Und macht er sie gleichwol; so ist zu versuchen, ob sie nicht auch mit blossem gesunden Menschenverstande ohne Gelehrsamkeit zu heben sind. Ich glaube also selbst den scheinbarsten, daß wir nie davon gewiß werden können, daß eine Begebenheit übernatürlich war, heben zu können. Eine andere ist, daß doch der Beweis aus den Wundern nie ohne Zuziehung der Lehre vollständig geführt werden kann. Aber wir brauchen davon nichts weiter, als daß es eine zur Ehre Gottes und der Tugend nüzliche Lehre ist. Auch eine dritte Einwendung hat nicht viel auf sich, daß sich also der Beweis des Christenthums in einen historischen Beweis auflöse, historische Beweise aber, wenn sie vollständig seyn sollen, sehr gelehrte Beweise werden. Ich gebe wieder zu, daß die Glaubwürdigkeit der biblischen Geschichte sehr gelehrt bewiesen werden kann. Und könnte der Beweis dafür nicht anders als durch eine vollständige Anwendung aller Regeln und Merkmale für die Wahrheit einer Geschichte in der Bibel geführt werden; so müßte ich ihn aufgeben. Aber

alle,

alle, auch die einfältigsten Menschen erkennen vieles durch Glauben. Ja ich irre nicht, wenn ich behaupte, daß nächst der Erkenntniß durch die Sinne das meiste von den meisten Menschen nicht anders als durch Glauben erkannt wird. Also aber darf nur ein jeder auf die Regeln, nach welchen er glaubt, oder auf die Umstände, unter welchen er nicht unterlassen kann, etwas zu glauben, aufmerksam gemacht werden. Und dieser Beweisart werde ich mich bedienen. Und wenn der historische Beweis für die Wahrheit der christlichen Religion unstudirten Leuten einige Mühe verursacht; so ist keiner, der ihnen nicht noch mehr verursachen müßte. Eine vierte Einwendung scheint mir die erheblichste zu seyn: es ist nicht rathsam, die gemeine Ueberzeugung auf einen einzigen Beweis zu gründen: die meisten Menschen begehren eine Mehrheit und Mannigfaltigkeit von Beweisen: und wir können auch deswegen nicht unterlassen, uns darnach zu bequemen, weil der Eindruck nicht von allen Beweisen gleich ist. Ich kann hierauf die Erfahrung, daß solche bey einer Wahrheit und Mannigfaltigkeit derselben grösser ist, nicht leugnen. Aber entweder es werden solche sämtlich ausgeführt und gehörig zu Ende gebracht; oder nicht. Soll das erstere geschehen; so gehört dazu mehr Zeit als ein Unstudirter ordentlicher Weise hat: und geschicht das andre, so entsteht keine andere als verworrene und mangelhafte Ueberzeugung. Ein einziger wohl ausgeführter einleuchtender Beweis wirkt unausbleiblich mehr, als eine noch so grosse Anzahl blos angegebener Beweisgründe: da weder die Wahrheit des Beweisgrundes, noch der darin liegende Beweis hinlänglich ins Licht gesetzt wird. Also bin ich auch gesonnen, nur Einen Beweis zu führen, weil doch nur jedesmal Einer vollständig geführt werden kann. Aber ich begehre nicht, daß jeder Christ sich nur schlechterdings auf Einen Beweis für das Christenthum einschränken soll. Ich habe nichts darwider, daß es mehrere wohl ausgeführte Beweise für dasselbe gebe, und auch Jederman mehrere derselben nach einander lese, und zu seinem Gebrauche anwende. Aber nur Ein Beweis kann jedesmal wohl geführt werden. Die übrigen mögen als Bestätigungen hinzukommen.

Der dritte Punkt, der sich mir in Ansehung des zu wählenden Beweises darstellt, ist wohl sehr erheblich; aber theologischen Lesern vorhin klar. Es bedarf keines weitern Beweises, als der Wahrheit der Wunder Christi, oder der Glaubwürdigkeit der vier Evangelien. Es würde sehr übel seyn, wenn zur Ueberzeugung eines

nes Unstudirten die Ueberzeugung von der Wahrheit der sämtlichen heiligen Geschichte unentbehrlich wäre. Theils würde dazu mehr Zeit nöthig seyn, als ein Unstudirter gemeiniglich zu seiner Ueberzeugung von der Wahrheit der christlichen Religion verwenden kann. Theils ist die historische Wahrheit des Alten Testaments kaum ohne Beihülfe verschiedener gelehrter Hülfsmittel erweislich. Es komt doch nur darauf an, daß die göttliche Sendung Jesu Christi erwiesen werde. Mit derselben ist offenbar die Göttlichkeit des Neuen Testaments und des darin begrifnen Lehrbegrifs erwiesen: indem solcher aus der Lehre Jesu Christi und seiner nach seiner Verheissung vom heiligen Geist erleuchteten Apostel zusammengesetzt ist. Aber auch die Göttlichkeit des Alten Testaments, und des darin verfaßten Lehrbegrifs: nachdem Christus solche bei seiner ganzen Lehre vorausgesetzt oder zum Grunde gelegt hat. Also schränke man sich auf den Beweis von der göttlichen Sendung Jesu Christi, und mithin auf den Beweis von der Glaubwürdigkeit der evangelischen Geschichte ein! In meinen wahren Gründen, warum Gott die Offenbarung nicht mit augenscheinlichern Beweisen versehen hat, glaube ich auch hinlänglich gezeigt zu haben, daß dieser Beweis allein eine vollständige Gewisheit von der

Wahr

Wahrheit und Göttlichkeit der ganzen heiligen Schrift und der darin geoffenbarten Religion hervorbringt.

Die besten und neuesten Beweisschriften für die Wahrheit des Christenthums sind auch auf diesen Beweis eingeschränkt. Die englischen Gottesgelehrten haben ihnen den Ton gegeben. Aber über die gehörige Einrichtung desselben zu einem Beweise für Jederman, und damit über das eigentlich unterscheidende meines vorhabenden Werkchens muß ich ausführlich seyn. Ich glaube, klar zu sehen, daß solcher nicht anders, als aus den innern Merkmalen von der Glaubwürdigkeit der evangelischen Geschichte, und noch dazu blos aus gewissen innern Merkmalen von derselben geführt werden muß, wenn es ein Beweis für Jederman werden soll. Das war der vierte Punkt, darüber ich mich mit theologischen Lesern vereinigen muß.

Die Beweisthümer für die Glaubwürdigkeit der vier Evangelien theilen sich in äussere und innere. Aber unter den ersten ist keiner, der ohne gelehrte Hülfsmittel übersehen werden könnte. Der wichtigste erwächst aus der Glaubwürdigkeit der Zeugen. Aber es muß vorläufig erwiesen werden,

werden, daß die evangelischen Geschichtbücher von den Zeugen sind, welchen wir sie zueignen. Dazu gehört vollständig ein dreifacher Beweis.

1) Daß sie so alt sind, oder in der Zeit bereits geschrieben und vorhanden waren, da die angegebenen Verfasser lebten 2) Daß sie von der Kirche von je her denselben zugeeignet worden sind, und 3) daß wir sie noch so haben, wie sie von den Verfassern geschrieben worden sind. Es muß erwiesen werden, daß es ächte und unverfälschte Schriften sind. Aber dieser Beweis kann schlechterdings nicht ohne Beihülfe vieler Belesenheit, wenigstens in den Kirchenvätern, und ohne Beihülfe der Kritik, der Geschichtkunde, und der Alterthümer geführt werden. Es hat ihn Niemand in der Kürze mit mehr Wahl und Genauigkeit geführt, als der Herr D. Leß in seinem Beweise von der Wahrheit der christlichen Religion. Man hat mehrmals die Anmerkung gemacht, daß die christliche Religion den Anbau der Gelehrsamkeit und Wissenschaften überhaupt mannigfältig befördert. Sowohl zu einem gelehrten zu Ende gebrachten Beweise der historischen Wahrheit, als zum Verstande der heiligen Bücher wird eine große Anzahl gelehrter Hülfsmittel erfordert. Aber das findet nicht blos bei dem wichtigsten äußern aus
der

der Beschaffenheit der Zeugen erwachsenden Beweise statt. Es gehört dahin auch der Beifall, mit welchem die von ihnen bezeugten Dinge zu der Zeit, und selbst an den Orten angenommen worden sind, da sie vorgegangen seyn sollten: der sich darauf von je her beziehende Lehrbegrif der Kirche, und selbst das Zeugniß der Widersacher, so weit sie ihn bezeugen konnten. Aber dazu ist offenbar Kirchengeschichte und Welt- und litterargeschichte nothwendig. Es gehört dazu die Ueberzeugung, welche in den Märtyrern war. Aber wem aus derselben etwas erwiesen werden soll, der muß die Geschichte der Märtyrer wissen. So weit wir solche in den heiligen Geschichtbüchern selbst haben, kann sie nun wohl bey jedem Bibelleser als bekannt vorausgesetzt werden; aber in der Folge erfodert sie Kirchen- und Weltgeschichte. Es kann wohl scheinen, als ob unsere unstudirte Leser oder Zuhörer den Beweis recht wohl verstehen. Aber es scheint wirklich blos so: Selbst die Unbegreiflichkeit, wie sich die christliche Kirche in der Welt gebildet, und so schnell, wenigstens durch das ganze römische Reich ausgebreitet haben könnte, wenn nicht so etwas bey dem Ursprunge derselben vorgegangen wäre, als in den evangelischen Geschichtbüchern erzählt wird; und selbst die große Wahrscheinlichkeit, daß die Stifter derselben so etwas

zur

zur Fortdauer derselben geschrieben haben müssen, welches nicht untergegangen seyn kann, erfordert Welt- und Kirchengeschichte.

Ich halte es für einleuchtend, daß die äussern Beweisthümer bey der Ueberzeugung unstudirter Leute von keinem Gebrauch sind, wenn es eine wirklich vollendete Ueberzeugung werden soll. Ditton, Knutzen und andere, haben gut die Wahrheit der evangelischen Geschichte aus der Glaubwürdigkeit ihrer Urheber darzulegen gewußt, nachdem sie als ausgemacht voraussetzen, daß sie diese und keine andere Urheber haben, und daß der Inhalt von je her, von allerley Leuten, zu der Zeit, und an den Orten, da man die Wahrheit wohl wissen konnte, geglaubt und so fest geglaubet worden sey, daß unzählige Menschen darüber alle Arten von Ungemach standhaft erduldet haben. Und da sind sie nun Jederman verständlich. Aber wie wenn dis nun alles erst auch Jederman erwiesen werden soll? wie wenn so viel Ueberzeugung nicht auf blinden Glauben in die Höhe geführt werden soll?

Auch nicht alle innere Beweisthümer für die Wahrheit der evangelischen Geschichte sind Beweisthümer für Jederman. Es gehört hieher die durchgängige Beziehung der heiligen Bücher auf den damalimaligen Zustand der Welt, auf damalige Begebenheiten, Sitten, und Verfassungen, als ein inneres Hauptmerkmal von dem Alterthum derselben: der Mangel der geringsten Spur einer neuern oder spätern Ausfertigung. Aber bis zu beurtheilen ist offenbar Erdbeschreibung, Geschichte und Alterthumskunde unentbehrlich. Es gehört dahin die große innere Wahrscheinlichkeit dieser Geschichte, wegen der vortreflichsten Zusammenstimmung dieser Geschichte und aller Theile derselben mit dem ganzen von dem Amte Christi hernach festgesezten Lehrbegriffe. Aber wenn solches zu beurtheilen auch keine besondere Wissenschaft oder gelehrte Hülfsmittel erfordert werden; so wird doch gewiß mehr als gemeines Nachdenken zu so feinen Bemerkungen erfodert. Es giebt noch mehr andere in den heiligen Geschichtbüchern selbst anzutreffende Merkmale von der Glaubwürdigkeit derselben, welche doch nicht von Jederman wahrgenommen werden können. Dergleichen sind diejenigen, welche in den vorhandnen Scheinwidersprüchen, auch Verschiedenheiten der Schreib- und Erzählungsart angetroffen werden. Nicht jederman ist im Stande, die Nüzlichkeit dieser Bemerkungen zu der Ueberzeugung, daß die heiligen Geschichtschreiber einander nicht ausgeschrieben haben, und die weitere Nüzlichkeit dieser

Ueber-

Ueberzeugung zur Glaubwürdigkeit der Geschichtschreiber zu überſetzen.

Es wäre übel, wenn es mit allen innern Beweisthümern für die Glaubwürdigkeit der evangeliſchen Geſchichte dieſelbe Bewandnis hätte. Es kann ſolche unſtudirten Leuten entweder gar nicht erwieſen; oder es muß der Beweis aus lauter ſolchen Gründen und Merkmalen derſelben geführt werden, welche in dieſen Büchern ſelbſt, mit bloßem geſunden Menſchenverſtande, ohne Beyhülfe einiger gelehrter Hülfsmittel, und einigen gelehrten Nachdenkens, wahrgenommen werden können. Und nun dergleichen Beweis bin ich in dieſen Blättern zu liefern geſonnen. Ich eigne mir auf keine Weiſe das Verdienſt zu, dergleichen innere Beweisthümer zuerſt entdekt und geſammelt zu haben. Ueberall findet man etwas über die aus den heiligen Geſchichtbüchern ſelbſt hervorleuchtende Aufrichtigkeit und Glaubwürdigkeit der Verfaſſer derſelben. Ich eigne mir nur das Verdienſt zu, theils die bereits endekten geſammelt und mit verſchiednen weniger bekannten bereichert; theils meinen Beweis aus dergleichen Beweisthümern allein aufgeführt, und dabey die ſonſt faſt durchgängige Vermengung gelehrter und nicht gelehrter Beweisthümer vermieden zu haben. Sollte es mir nicht durchgängängig gelungen seyn; so bitte ich die große Schwierigkeit zu erwägen, die es kostet, um sich recht in die Lage eines Unstudirten zu setzen, und meinen geführten Beweis blos als einen Versuch zu betrachten. Ich muß mich doch über mein Vorhaben noch etwas bestimmter erklären.

Es ist entschieden, daß die äußern Beweisthümer für die Glaubwürdigkeit der vier Evangelien von einem Beweise der christlichen Religion für Jederman völlig ausgeschlossen werden müssen. Aber die innern theilen sich in drey Classen. Einige derselben erfordern selbst gelehrte Hülfsmittel. Dergleichen ist der Beweis aus der durchgängigen Beziehung der heiligen Bücher auf den damaligen Zustand der Welt. Einige erfodern doch nicht gemeines Jederman mögliches Nachdenken. Dergleichen findet bey dem Beweise aus der innern vortreflichen Zusammenstimmung der ganzen Geschichte Christi zu seinem Amte statt. Und noch andere erfordern weder dieses noch jenes, sondern es ist zum Verstande und zur Beurtheilung derselben nichts weiter als einige Aufmerksamkeit auf Jederman bekannte Merkmale der historischen Wahrheit nöthig. Und nun eigentlich blos aus diesen ist mein Beweis zusammengesetzt. Indessen damit solcher ein wirklicher Beweis für

Jeder-

Jederman, und nicht blos für einfältige werde, habe ich die Beweise der zweiten Art nicht völlig ausgeschlossen. Nicht daß ich meinen Beweis nicht auch ohne dieselben für vollständig und zur Ueberzeugung auch nachdenkender Leute für hinlänglich gehalten hätte; sondern um denenjenigen auch nüzlich zu werden, die doch noch einer größern und zusammengesezten Ueberzeugung fähig sind. Ich habe gleichwol nicht nur, was für sie allein bestimmt ist, von dem übrigen sorgfältig abgesondert, und solches theils mittelst derer in lezterm Vorberichte angezeigten Paragraphen bemerkt, theils in Anmerkungen gebracht; sondern auch alle gelehrte Beweisthümer schlechterdings ausgeschlossen. Da ich keine andere als wahre und dabey zur Ueberzeugung hinreichende Beweisthümer beibringe; so muß mein Beweis sowohl für den Gelehrten als Ungelehrten seyn. Mein Plan ist, im strengsten Verstande, einen Beweis für Jederman zu führen. Aber es mußte in denselben nichts hineinkommen, das blos für den erstern wäre. Sollte er darüber zu sehr angewachsen seyn; so hat ein jeder die Freiheit, ihn ins kürzere zu ziehen. Ich liefere ihn selbst in der neuen Ausgabe meines katechetischen Textes, welche unter der Presse ist, in der Kürze.

Ich habe genug über den Inhalt meines Beweises geredet: ich muß mich auch über die Abfassung desselben erklären. Mein Wunsch war, dieselbe so einzurichten, daß ein jeder durch Lesung meines Buches ohne einige hinzukommende Erläuterung von der Wahrheit unsers allerheiligsten Glaubens belehrt und überzeugt werden könnte, und daß es doch zugleich auch Lehrern zu einem Leitfaden bey mündlicher Unterweisung und Ueberzeugung von demselben dienen könnte. Ich habe die Schwierigkeiten übersehen, die bei Verbindung beider Absichten unvermeiblich waren. Nach der erstern mußte mein Vortrag eine gewisse Ausführlichkeit erhalten; und nach der andern mußte ich mich der Kürze befleißigen, und die Sachen gewissermaßen blos genannt zu haben, mich begnügen. Ich habe zwischen beiden die Mittelstraße zu treffen gesucht. Vielleicht würde nach der ersten Absicht der Vortrag interessanter geworden seyn, wenn ich ihn in ein Selbstgespräch gefaßt hätte: so wie ich mit Nutzen in meinen Ueberzeugungen und Vorsätzen gethan zu haben glaube, oder wenn ich ihm die Gestalt einer Unterredung gegeben hätte. Aber nach der andern mußte ich meinem Buche die Form eines Lehrbuchs geben. Ich entschuldige nicht die Paragraphen: die letzte Absicht rechtfertigt sie vollkommen. Und wenn ich solche auch nicht gehabt

hätte:

hätte: so hätte ich doch Absätze machen müssen. Aber der Zweck, welcher dergleichen erfordert, wird immer vollkomner erreicht, wenn solche gezählt, als wenn solche nicht gezählt werden. Es wird unleugbar das Behalten und Nachschlagen damit erleichtert. Noch habe ich mit Vergnügen von dem würdigen Herrn Professor Danovius in Jena, einen so betitelten gemeinnützigen Beweis von der Wahrheit der christlichen Religion angekündigt gefunden:* und ich hätte den meinigen gern so lange zurückgehalten, bis ich solchen vorher dabei vergleichen und nutzen können. Allein gewisse eingegangne Verbindungen haben solches nicht erlauben wollen.

Es ist nichts mehr übrig, als daß ich die Ordnung meines Buchs entwerfe, und demselben viel Leser wünsche. Es hat mir nothwendig geschienen, daß ein jeder vorher deutlich verstünde, was ihm erwiesen werden soll, und daß es dabei lediglich auf die Glaubwürdigkeit der evangelischen Geschichtbücher ankomme. Daher mein erstes Hauptstück. Theologische Leser und ungeduldige Leser mögen dasselbe überschlagen. Hienächst giebt es große Wahrscheinlichkeiten für die evangelische Geschichte, welche nicht zu verachten, und das Gemüth zu dem eigentlichen Beweise vor-

vorzubereiten geschikt sind. Solche habe ich in dem zweiten Hauptstücke gesammlet. Das dritte liefert den eigentlichen Beweis angezeigter maßen aus lauter innern Beweisthümern. In einem vierten Hauptstücke beantworte ich die vornehmsten Einwürfe und Anstöße, welche auch bei Unstudirten möglich sind. Für rechtscharfsinnige Leser war dergleichen nicht nöthig. Sobald ein Satz wohl erwiesen ist, ist auch entschieden, daß es keinen wahren Beweis für das Gegentheil geben kann. Aber den meisten Leuten wird ihre Ueberzeugung verdächtig, wenn ihnen Einwürfe aufstoßen, die sie nicht heben können. Und unter den Einwürfen gegen das Christenthum giebt es nicht wenige, die nicht ein jeder heben kann. Endlich in einem fünften bemühe ich mich die Anwendung des geführten Beweises zu befördern. Der Vater Jesu Christi bemerke gnädig mein angelegentlichstes Verlangen, den Glauben an seinen Sohn unter meinen Miterlöseten zu befördern. Und er würdige mich gnädig, mit diesen Blättern einige Frucht zu schaffen!

Inhalt.

Inhalt.

Der Beweis ist in fünf Hauptstücke vertheilet worden. In dem ersten wird bestimmt, was bewiesen werden soll: die Wahrheit der christlichen Religion §. 1-8. und zu dem Ende, die göttliche unmittelbare Offenbarung oder doch Bestätigung und Billigung des ganzen in der Schrift verfaßten Religionsunterrichtes §. 9. 10. und daher die Glaubwürdigkeit der in der Schrift erzählten göttlichen Offenbarungen, und zum Beweise derselben vorgegangnen Wunder §. 11-16. und daher die Glaubwürdigkeit der biblischen Geschichte §. 17. 18 welche gleichwohl nicht in Ansehung der gesamten biblischen Geschichte, sondern blos in Ansehung der in den vier Evangelien verfaßten Geschichte Jesu Christi untersucht und bewiesen werden darf. §. 19-22. Und das ist es, was hier bewiesen werden soll: daß die vier Evangelien wahre und glaubwürdige Geschichtbücher sind §. 23.

Inhalt.

In dem andern Hauptstück wird die große Wahrscheinlichkeit der evangelischen Geschichte gezeigt. Es muß schlechterdings eine Geschichte des Christenthums geben §. 24. Diese ist eine durch und durch mögliche §. 25. 26 und höchst wahrscheinliche Geschichte. Sie stellt den Ursprung des Christenthums und die Einführung desselben in die Welt auf eine begreifliche und glaubliche Weise vor §. 27. jede andre mögliche Vorstellung desselben dagegen ist höchst unwahrscheinlich §. 28=34. und daß es eine erdichtete Geschichte seyn sollte, höchst unwahrscheinlich: wegen der Zahl und Verschiedenheit der Geschichtschreiber §. 35. 36. wegen des Beifalls, den ihre Geschichtbücher in der Kirche erhalten haben §. 37=42. und wegen der durchgängigen Schicklichkeit des Inhalts zur Bestimmung der darin aufgestellten Person §. 43.

In dem dritten Hauptstück wird der eigentliche Beweis für die Wahrheit der evangelischen Geschichte, und der damit verknüpften Wahrheit der christlichen Religion geführt. Und zu dem Ende nach §. 44. ein doppelter Beweis. Der erste, daß nicht der geringste tüchtige Grund vorhanden ist, an der Wahrheit dersel-

Inhalt.

den zu zweifeln, oder sie für eine erdichtete Geschichte zu halten: dergleichen seyn soll, daß solches doch nicht unmöglich ist §. 45. 46. daß es eine so gar wunderbare und ausserordentliche Geschichte ist §. 47. 48. daß die Evangelisten dabei einander häufig widersprechen §. 49-51. und daß in dem Charakter und Verhalten Christi, welches sie ihm zueignen, vieles nicht seiner Bestimmung gemäß und nicht zu rechtfertigen sei. §. 52-55. Es wären aber doch einige Spuhren und Merkmale der Erdichtung unvermeidlich gewesen §. 56-58. Der zweite Beweis erhärtet die Wahrheit und Glaubwürdigkeit der evangelischen Geschichte selbst: da nach vorausgesetzten Merkmalen einer wahren und zuverläßigen Geschichte §. 59-62. fünferlei erwiesen wird: 1) daß solche eine durch und durch mögliche Geschichte ist §. 63. 64. sonderlich nach allen darin enthaltnen Wundern §. 64-67. 2) eine höchst glaubliche und wahrscheinliche Geschichte §. 68-71. indem sich alles in derselben zur Bestimmung Christi aufs vollkommenste paßt: dabei die Uebereinstimmung der Evangelisten darüber merkwürdig ist §. 72-74. 3) daß die Evangelisten nichts erzählen, als was sie genau wissen und erzählen konnten §. 75-79.
4) daß

4) daß ihre Erzählung auch mit allen Merkmalen der Aufrichtigkeit versehen ist §. 80-88. dahin theils ihre hervorleuchtende Frömmigkeit und Gewissenhaftigkeit gehört §. 80-81. theils die Einfalt ihrer Erzählung §. 82. und daß sie blos erzählen §. 83. theils daß sie nichts thun, ihre Erzählung glaubhaft zu machen §. 84. theils die Unvollständigkeit und Kürze derselben §. 85. 86. theils daß sie auch die ihrem Helden und seinen Jüngern nachtheiligen Dinge nicht übergehn, §. 87. 88. Und 5) daß die evangelische Geschichte vier von einander wahrhaftig verschiedne Zeugen für sich hat §. 89-92.

In dem vierten Hauptstücke werden die wichtigsten Einwürfe beantwortet: Es sind solche, nach vorläufiger Anzeige vom Grunde und Endzwecke dieses Hauptstückes §. 93-95. und Eintheilung der Einwürfe in Einwürfe gegen den Beweis und gegen die christliche Religion selbst, da jene bereits bei dem Beweise im vorigen Hauptstücke beantwortet sind §. 96. 1) daß die christliche Religion neu und nicht allgemein ist §. 97. 98. 2) der Mangel möglicher augenscheinlicherer Beweise §. 99. 100. 3) die Unwahrscheinlichkeit vieler biblischen Geschichte §. 101-104. 4) daß die heilige Schrift so viel unnütze, anstößige, und unverständliche Dinge enthält §. 105-112. dabei ein ausführlicher Unterricht von dem wahren Verhältnis der heiligen Schrift gegen die christliche Religion, und der Göttlichkeit der heiligen Schrift gegen die Göttlichkeit des darin verfaßten Religionsunterrichtes ertheilet wird §. 106-112. 5) die Unbegreiflichkeit und Unverständlichkeit verschiedner Lehren des Christenthums §. 113. Und 6) das Unheil, welches solches von je her in der Welt veranlaßt hat §. 114.

Das fünfte Hauptstück enthält eine Anwendung des geführten Beweises: theils zu demselben, und den damit entstandnen oder bestärkten Ueberzeugungen, gemäßen frommen Entschließungen §. 115-119. theils zu einem richtigen Verhalten in Ansehung der Beweise des Christenthums, und aufstoßender Zweifel und Einwürfe dagegen § 120-126.

Vorbericht
für jeden Leser.

Die Paragraphen 36. 37. 38. 39. 40. 41. 42. 43. 56. 57. 58. 72. 73. 74. 78. 79. 98. 106. 107. 108. 109. 110. 111. 112. 114. 123. und die Anmerkungen, sind blos für nachdenkendere Leser: die doch nicht studirte seyn dürfen. Dagegen werden solche Leser das erste Hauptstück überschlagen können. Bei geringer Zeit und Fähigkeit aber wird das erste und dritte Hauptstück zu verbinden, und zur Ueberzeugung hinreichend seyn.

Nachricht.

Da ich an dem Orte des Druckes nicht gegenwärtig gewesen bin; so habe ich die bei aller Güte der Officin, in welcher diese kleine Schrift gedruckt worden ist, eingeschlichnen vielen Druckfehler nicht verhindern können. Aber ich muß mich selbst über vorsetzliche Veränderungen und Entkräftungen meines Sinnes in dem vierten Hauptstücke derselben, sonderlich in den §§. 111. recht sehr beklagen. Und daß bei den, theils nicht zum Beweise gehörenden und ohne Nachtheil desselben zu überschlagenden, theils blos für nachdenkendere Leser eingerückten Paragraphen die von mir im Manuscripte beigefügten Sternchen weggelassen worden, ist mir auch höchst unangenehm. Ich bitte nun die Leser inständig, solche vorher bei den in vorstehendem Vorberichte angezeigten Paragraphen beizufügen, und also solche von den übrigen abzusondern: und überhaupt die Liebe an diese kleine Schrift zu beweisen, und vor Durchlesung derselben die Druckfehler zu verändern. Sonderlich bitte ich einen jeden darum, der sie brauchbar finden solte, bei einem mündlichen Beweise der christlichen Religion an andre zum Grunde zu legen.

Druck-

Druckfehler.

Die vornehmsten Druckfehler sind

im Vorberichte.

Seite 4 Zeile 24 anstatt dürfte lies dürfe.
- 12 - 15. anstatt durfte Ein lies dürfte kein.
- 14 - 7 anstatt Religionsverehrer lies Religionslehrer.
- 15 unterste Z. streiche in aus.
- 16 - 26 anstatt derselben nicht weniger lies nicht
  weniger derselben.
- 17 - 10 ist vor doppelte ausgelassen eine.
- 17 - 18 ist hinter Erfüllung das von auszustreichen.
- 18 - 18 anstatt Lehren lies Lehre.
- 21 - 4 anstatt die andern lies die andre.
- 22 - 20 anstatt daß solche nicht von lies daß solche von.
- 24 - 1 anstatt könnten lies können.
- 25 - 23 anstatt Wahrheit lies Mehrheit.
- 26 - ist Zeile 3 mit der folgenden zusammen zu ziehen.
- 30 - 5 anstatt sollten lies sollen.

in dem Beweise selbst.

Seite 2 §. 3. Zeile 9 anstatt entdeckte lies entdeckten.
- 7 Zeile 3 anstatt soll lies solte.
- 13 §. 16 Z. 10 anstatt könnte lies konnte.
- 14 §. 17 Z. 7 anstatt Beweise der Schrift lies Berichte
  der Schrift.
- 28 Zeile 2 anstatt noch lies auch.
- 30 §. 31 Z. 12 anstatt daß sie lies daß wir.
- 31 Z. 2 anstatt Betrügereien lies Betrügern.
- 33 Anm. Z. 4 anstatt von Stiftern lies von den Stiftern.
- 36 §. 37 Z. 4 anstatt ein lies Ein.
- 37 Z. 15 ist hinter bewegen das Fragzeichen wegzustreichen.
- 38 §. 39 Z. 6 anstatt mittheilte lies enthielte.
- 41 §. 42 Z. 7 ist hinter einmal das noch auszustreichen.
- 47 Z. 2 anstatt erweißlichen lies erweislich.
- 52 Z. 4 ist hinter gehörer ausgelassen hatten.
- 55 Z. 12 anstatt Gergasa lies Gergesa.
- 56 Z. 2 anstatt Regel lies Regeln.
- 57 §. 54 Z. 5 anstatt wenigmal lies wenige mahl.
- 61 Z. 19 anstatt hätte lies hatte.

Seite

Seite 64 Z. 13 lies Merkmalen.
» 74 Z. 2 ist hinter Verordnung das Comma auszustreichen.
» 74 Z. 16 anstatt an ihm lies in ihm.
» 77 Anm. Z. 8 ist hinter Wunder das Fragzeichen wegzustreichen.
» 79 unterste Zeile anstatt kann lies konnte, und setze darzu ein Colon.
» 84 Z. 14 anstatt Tode lies Todte, und anstatt Broden Brodten.
» 87 Z. 2 ist hinter unwahrscheinlich ein Punkt zu setzen.
» 92 Z. 5 ist hinter Vorurteile ein Colon zu setzen.
» ‚ Z. 19 anstatt ein Zweck lies Ein Zweck.
» 93 §. 74 Z. 1 anstatt nicht zu erkennende lies nicht zu verkennende.
» „ „ Z. 17 anstatt zu gebrauchen pflegte lies nicht zu gebrauchen pflegte.
» 95 Anm. Z. 22 anstatt gefallen lies aufgefallen.
» 96 §. 75 Z. 21 anstatt um sie lies um sich.
» 99 Anm. Z. 19 anstatt als von ihm lies als aus von ihm.
» 100 Anm. letzte Zeile anstatt von ihm geschehene lies von ihm geschehene.
» 103 Anm. Z. 3 ist hinter vorfinden ein Colon zu setzen, und unten Cap. 15 und 16
» 110 Z. 3 anstatt Wort lies Werk.
» 113 Z. 5 anstatt um lies zum.
» 116 Z. 2 anstatt haben lies hatten.
» „ Z. 14 anstatt vorgenommen lies vorgegangen.
» „ Z. 23 anstatt wollen lies wolten.
» 120 Anm. Z. 13 anstatt Merkwürdigkeit lies Merkwürdigkeiten.
» 125 Z. 12 anstatt konnten lies können.
» 131 Z. 5 anstatt göttliche Ankunft lies göttliche Abkunft.
» 132 Z. 1 statt seine Kirche lies seiner Kirche.
» 133 Z. 7 statt Weisheit lies Wahrheit.
» „ Z. 18 lies Dingen.
» 138 Z. 24 statt fehle lies fehlt.
» 164 Z. 8 statt von lies vom.
» 165 §. 111 Z. 4 ist nothwendig durchaus auszustreichen.
» 165 §. 111 Z. 8 statt geschrieben lies schrieben.
» 166 Z. 16 ist nicht von mir Ist die Meinung, daß den Verfassern der göttlichen Schriften nicht alles von Wort zu Wort eingegeben worden, richtig: so müssen wir u. s. w. Es muß heissen: Also aber müssen wir von ihren Schriften u. s. w.

Inhalt.

In dem andern Hauptſtück wird die große Wahrſcheinlichkeit der evangeliſchen Geſchichte gezeigt. Es muß ſchlechterdings eine Geſchichte des Chriſtenthums geben §. 24. Dieſe iſt eine durch und durch mögliche §. 25. 26 und höchſt wahrſcheinliche Geſchichte. Sie ſtellt den Urſprung des Chriſtenthums und die Einführung deſſelben in die Welt auf eine begreifliche und glaubliche Weiſe vor §. 27. jede andre mögliche Vorſtellung deſſelben dagegen iſt höchſt unwahrſcheinlich §. 28 = 34. und daß es eine erdichtete Geſchichte ſeyn ſollte, höchſt unwahrſcheinlich: wegen der Zahl und Verſchiedenheit der Geſchichtſchreiber §. 35. 36. wegen des Beifalls, den ihre Geſchichtbücher in der Kirche erhalten haben §. 37 = 42. und wegen der durchgängigen Schicklichkeit des Inhalts zur Beſtimmung der darin aufgeſtelten Perſon §. 43.

In dem dritten Hauptſtück wird der eigentliche Beweis für die Wahrheit der evangeliſchen Geſchichte, und der damit verknüpften Wahrheit der chriſtlichen Religion geführt. Und zu dem Ende nach §. 44. ein doppelter Beweis. Der erſte, daß nicht der geringſte tüchtige Grund vorhanden iſt, an der Wahrheit derſelben zu zweifeln, oder sie für eine erdichtete Geschichte zu halten: dergleichen seyn soll, daß solches doch nicht unmöglich ist §. 45. 46. daß es eine so gar wunderbare und ausserordentliche Geschichte ist §. 47. 48. daß die Evangelisten dabei einander häufig widersprechen §. 49. 51. und daß in dem Charakter und Verhalten Christi, welches sie ihm zueignen, vieles nicht seiner Bestimmung gemäß und nicht zu rechtfertigen sei. §. 52. 55. Es wären aber doch einige Spuhren und Merkmale der Erdichtung unvermeidlich gewesen §. 56. 58. Der zweite Beweis erhärtet die Wahrheit und Glaubwürdigkeit der evangelischen Geschichte selbst: da nach vorausgesetzten Merkmalen einer wahren und zuverläßigen Geschichte §. 59. 62. fünferlei erwiesen wird: 1) daß solche eine durch und durch mögliche Geschichte ist §. 63. 64. sonderlich nach allen darin enthaltnen Wundern §. 64. 67. 2) eine höchst glaubliche und wahrscheinliche Geschichte §. 68. 71. indem sich alles in derselben zur Bestimmung Christi aufs vollkommenste paßt: dabei die Uebereinstimmung der Evangelisten darüber merkwürdig ist §. 72. 74. 3) daß die Evangelisten nichts erzählen, als was sie genau wissen und erzählen konnten §. 75. 79.

4) daß

4) daß ihre Erzählung auch mit allen Merkmalen der Aufrichtigkeit versehen ist §. 80-88. dahin theils ihre hervorleuchtende Frömmigkeit und Gewissenhaftigkeit gehört §. 80-81. theils die Einfalt ihrer Erzählung §. 82. und daß sie blos erzählen §. 83. theils daß sie nichts thun, ihre Erzählung glaubhaft zu machen §. 84. theils die Unvollständigkeit und Kürze derselben §. 85. 86. theils daß sie auch die ihrem Helden und seinen Jüngern nachtheiligen Dinge nicht übergehn, §. 87. 88. Und 5) daß die evangelische Geschichte vier von einander wahrhaftig verschiedne Zeugen für sich hat §. 89-92.

In dem vierten Hauptstücke werden die wichtigsten Einwürfe beantwortet: Es sind solche, nach vorläufiger Anzeige vom Grunde und Endzwecke dieses Hauptstückes §. 93-95. und Eintheilung der Einwürfe in Einwürfe gegen den Beweis und gegen die christliche Religion selbst, da jene bereits bei dem Beweise im vorigen Hauptstücke beantwortet sind §. 96. 1) daß die christliche Religion neu und nicht allgemein ist §. 97. 98. 2) der Mangel möglicher augenscheinlicherer Beweise §. 99. 100. 3) die Unwahrscheinlichkeit vieler biblischen Geschichte §. 101-104. 4) daß die heilige Schrift so viel unnütze, anstößige, und unverständliche Dinge enthält §. 105-112. dabei ein ausführlicher Unterricht von dem wahren Verhältnis der heiligen Schrift gegen die christliche Religion, und der Göttlichkeit der heiligen Schrift gegen die Göttlichkeit des darin verfaßten Religionsunterrichtes ertheilet wird §. 106-112. 5) die Unbegreiflichkeit und Unverständlichkeit verschiedner Lehren des Christenthums §. 113. Und 6) das Unheil, welches solches von je her in der Welt veranlaßt hat §. 114.

Das fünfte Hauptstück enthält eine Anwendung des geführten Beweises: theils zu demselben, und den damit entstandnen oder bestärkten Ueberzeugungen, gemäßen frommen Entschließungen §. 115-119. theils zu einem richtigen Verhalten in Ansehung der Beweise des Christenthums, und aufstoßender Zweifel und Einwürfe dagegen § 120-126.

Vorbericht
für jeden Leser.

Die Paragraphen 36. 37. 38. 39. 40. 41. 42. 43. 56. 57. 58. 72. 73. 74. 78. 79. 98. 106. 107. 108. 109. 110. 111. 112. 114. 123. und die Anmerkungen, sind blos für nachdenkendere Leser: die doch nicht studirte seyn dürfen. Dagegen werden solche Leser das erste Hauptstück überschlagen können. Bei geringer Zeit und Fähigkeit aber wird das erste und dritte Hauptstück zu verbinden, und zur Ueberzeugung hinreichend seyn.

Nachricht.

Da ich an dem Orte des Druckes nicht gegenwärtig gewesen bin; so habe ich die bei aller Güte der Officin, in welcher diese kleine Schrift gedruckt worden ist, eingeschlichnen vielen Druckfehler nicht verhindern können. Aber ich muß mich selbst über vorsetzliche Veränderungen und Entkräftungen meines Sinnes in dem vierten Hauptstücke derselben, sonderlich in den §§. 111. recht sehr beklagen. Und daß bei den, theils nicht zum Beweise gehörenden und ohne Nachtheil desselben zu überschlagenden, theils blos für nachdenkendere Leser eingerückten Paragraphen die von mir in Manuscripte beigefügten Sternchen weggelassen worden, ist mir auch höchst unangenehm. Ich bitte nun die Leser inständig, solche vorher bei den in vorstehendem Vorberichte angezeigten Paragraphen beizufügen, und also solche von den übrigen abzusondern: und überhaupt die Liebe an diese kleine Schrift zu beweisen, und vor Durchlesung derselben die Druckfehler zu verändern. Sonderlich bitte ich einen jeden darum, der sie brauchbar finden solte, bei einem mündlichen Beweise der christlichen Religion an andre zum Grunde zu legen.

Druck-

Druckfehler.

Die vornehmſten Druckfehler ſind

im Vorberichte.

Seite 4 Zeile 24 anſtatt dürſte lies dürſe.
 ‒ 12 ‒ 15. anſtatt durſte Ein lies dürſte kein.
 ‒ 14 ‒ 7 anſtatt Religionsverehrer lies Religionslehrer.
 ‒ 15 unterſte Z. ſtreiche in aus.
 ‒ 16 ‒ 26 anſtatt derſelben nicht weniger lies nicht
  weniger derſelben.
 ‒ 17 ‒ 10 iſt vor doppelte ausgelaſſen eine.
 ‒ 17 ‒ 18 iſt hinter Erfüllung das von auszuſtreichen.
 ‒ 18 ‒ 18 anſtatt Lehren lies Lehre.
 ‒ 21 ‒ 4 anſtatt die andern lies die andre.
 ‒ 23 ‒ 20 anſtatt daß ſolche nicht von lies daß ſolche von.
 ‒ 24 ‒ 1 anſtatt könnten lies können.
 ‒ 25 ‒ 23 anſtatt Wahrheit lies Mehrheit.
 ‒ 26 ‒ iſt Zeile 3 mit der folgenden zuſammen zu ziehen.
 ‒ 30 ‒ 5 anſtatt ſollten lies ſollen.

in dem Beweiſe ſelbſt.

Seite 2 §. 3. Zeile 9 anſtatt entdeckte lies entdeckten.
 ‒ 7 Zeile 3 anſtatt ſoll lies ſolte.
 ‒ 13 §. 16 Z. 10 anſtatt könnte lies konnte.
 ‒ 14 §. 17 Z. 7 anſtatt Beweiſe der Schrift lies Berichte
  der Schrift.
 ‒ 28 Zeile 2 anſtatt noch lies auch.
 ‒ 30 §. 31 Z. 12 anſtatt daß ſie lies daß wir.
 ‒ 31 Z. 2 anſtatt Betrügereien lies Betrügern.
 ‒ 33 Anm. Z. 4 anſtatt von Stiftern lies von den Stiftern.
 ‒ 36 §. 37 Z. 4 anſtatt ein lies Ein.
 ‒ 37 Z. 15 iſt hinter bewegen das Frageichen wegzuſtreichen.
 ‒ 38 §. 39 Z. 6 anſtatt mittheilte lies enthielte.
 ‒ 41 §. 42 Z. 7 iſt hinter einmal das noch auszuſtreichen.
 ‒ 47 Z. 2 anſtatt erweißlichen lies erweiſlich.
 ‒ 52 Z. 4 iſt hinter gehöret ausgelaſſen hatten.
 ‒ 55 Z. 12 anſtatt Gergaſa lies Gergeſa.
 ‒ 56 Z. 2 anſtatt Regel lies Regeln.
 ‒ 57 §. 54 Z. 5 anſtatt wenigmal lies wenige mahl.
 ‒ 61 Z. 19 anſtatt hätte lies hatte.

Seite 64 Z. 13 lies Merkmalen.
- 74 Z. 2 ist hinter Verordnung das Comma auszustreichen.
- 74 Z. 16 anstatt an ihm lies in ihm.
- 77 Anm. Z. 8 ist hinter Wunder das Fragzeichen wegzustreichen.
- 79 unterste Zeile anstatt kann lies konnte, und setze dars zu ein Colon.
- 84 Z. 14 anstatt Tode lies Todre, und anstatt Broden Brodten.
- 87 Z. 2 ist hinter unwahrscheinlich ein Punkt zu setzen.
- 92 Z. 5 ist hinter Vorurteile ein Colon zu setzen.
- - Z. 19 anstatt ein Zweck lies Ein Zweck.
- 93 §. 74 Z. 1 anstatt nicht zu erkennende lies nicht zu verkennende.
- - - Z. 17 anstatt zu gebrauchen pflegte lies nicht zu gebrauchen pflegte.
- 95 Anm. Z. 22 anstatt gefallen lies aufgefallen.
- 96 §. 75 Z. 21 anstatt um sie lies um sich.
- 99 Anm. Z. 19 anstatt als von ihm lies als aus von ihm.
- 100 Anm. letzte Zeile anstatt von ihm geschehene lies von ihm gesehene.
- 103 Anm. Z. 3 ist hinter vorfinden ein Colon zu setzen, und unten Cap 15 und 16
- 110 Z. 3 anstatt Wort lies Werk.
- 113 Z. 5 anstatt um lies zum.
- 116 Z. 2 anstatt haben lies hatten.
- - Z. 14 anstatt vorgenommen lies vorgegangen.
- - Z. 23 anstatt wollen lies wolten.
- 120 Anm. Z. 13 anstatt Merkwürdigkeit lies Merkwürdigkeiten.
- 125 Z. 12 anstatt konnten lies können.
- 131 Z. 5 anstatt göttliche Ankunft lies göttliche Abkunft.
- 132 Z. 1 statt seine Kirche lies seiner Kirche.
- 133 Z. 7 statt Weisheit lies Wahrheit.
- - Z. 18 lies Dingen.
- 138 Z. 24 statt fehle lies fehle.
- 164 Z. 8 statt von lies vom.
- 165 §. 111 Z. 4 ist nothwendig durchaus auszustreichen.
- 165 §. 111 Z. 8 statt geschrieben lies schrieben.
- 166 §. 16 ist nicht von mir Ist die Meinung, daß den Verfassern der göttlichen Schriften nicht alles von Wort zu Wort eingegeben worden, richtig: so müssen wir u. s. w. Es muß heissen: Also aber müssen wir von ihren Schriften u. s. w.

Seb

Seite 166 Z. 25 ist vielleicht auszustreichen.
» 168 Z. 19 statt nicht unmittelbar lies gar nicht.
» » Z. 23 statt veranlassen lies berechtigen.
» 169 Z. 2 statt des Canons lies der heiligen Schrift.
» » Z. 3 vor nicht lies gar nicht.
» 169 Anm. Z. 5 statt schon von einigen muß es heissen: auch von je her.
» 172 Z. 16 statt großen lies größern.
» 176 Z. 10 ist hinter kannst ein Colon zu setzen.
» » Z. 22 ist nicht wegzustreichen.
» » Z. 26 statt deinen lies deinem.
» 182 Z. 14 statt der gewisse lies der gemeinste.
» 189 unten statt eine einmalige lies seine einmalige.
» 190 §. 125 Z. 5 hinter gemacht ist ausgelassen hat.
» 191 Z. 2 statt den lies dem.

Das

Das erste Hauptstück.
Was bewiesen werden soll.

§. 1.

Von allen, die jemals gelebt haben, hat Niemand so ausserordentliche und sonderbare Begebenheiten gehabt, als Jesus Christus. Von den Juden, unter welchen er lebte, gekreuziget; und nachmals von dem gesamten aufgeklärtern Theile des menschlichen Geschlechts bis auf den heutigen Tag göttlich verehrt und angebetet. Der Glaube von ihm, und das ist der Glaube der Christen, beruht auf einer Sammlung von Schriften, welche zusammen die heil. Schrift, auch die Bibel genannt werden.

§. 2.

Es besteht solche eigentlich aus einer doppelten Sammlung von Schriften, deren erstere und ältere aus vor Christi Geburt geschriebenen Schriften besteht, und das Alte Testament genannt wird; die andere aber aus

aus nach derselben ausgefertigten Schriften zusammengesetzt ist, und den Namen des Neuen Testaments führt. Die erstere begreift theils historische Bücher, darin die Geschichte der Israeliten bis zur Wiederherstellung derselben aus der babylonischen Gefangenschaft erzählt wird; theils einige poetische Bücher, welche nach ihrem Inhalte und Zwecke auch Lehrbücher genannt werden können; theils prophetische Bücher, darin das Hauptwerk in Prophezeiungen oder Weissagungen besteht. In der andern sind auf eine ähnliche Weise dreierlei Schriften befindlich. Zuerst die vier Evangelien, darin die Geschichte Christi, und die Apostelgeschichte, darin die Stiftung seiner Kirche erzählt wird. Hiernächst zwei und zwanzig Briefe seiner Apostel, welche durch und durch belehrend oder ermahnend sind. Und so denn die Offenbarung Johannis, welche eines prophetischen Inhaltes ist.

§. 3.

Diese sämtlichen Schriften vereinigen sich auf einen gewissen Lehrbegrif von Gott und dem ihm gefälligen Verhalten, und das ist auf einen gewissen Religionsunterricht. Die Verfasser behaupten solchen entweder selbst unmittelbar von Gott empfangen, oder ihn doch von solchen gehabt zu haben, die ihn unmittelbar von Gott empfangen hatten. Daher bekömmt er den Namen der geoffenbarten, das ist durch unmittelbar von Gott geschehene Offenbarungen entdeckte Religion. Und daher finden wir in der heiligen Schrift auß-

ser

ser den dazu gehörigen Wahrheiten, Geschichte und Weissagungen. Solche liefern die Nachrichten und Beweisthümer von den vorgegangenen Offenbarungen: und sind daher zum Verstande und zur Gewißheit der geoffenbarten Religion nöthig befunden worden. Die heilige Schrift verhält sich nicht blos als ein Unterricht, sondern als ein Archiv von der geoffenbarten Religion. Sie liefert die geoffenbarte Religion nebst den zum Verstande und Beweise derselben dienlichen Nachrichten und Urkunden.

§. 4.

Es ist noch eine andere Absicht, in Ansehung welcher sie mehr als ein bloßer Unterricht von der geoffenbarten Religion ist. Sie ist sowohl zur Ausübung als zur Erkenntnis derselben gerichtet: sowohl zu dem Gott gefälligen Verhalten zu bewegen, als von demselben zu belehren abgefaßt und gesammlet worden. Daher ist sie kein bloßes Lehrbuch; sondern die Religionswahrheiten werden in derselben in allerlei Einkleidungen auch rührend vorgetragen.

§. 5.

Die Hauptperson, welche der göttlichen Offenbarungen genossen haben soll, ist Jesus, dessen Leben und Lehren in den vier Evangelien beschrieben werden. Es setzte derselbe den Lehrbegrif des Alten Testaments als einen wahren und von Gott geoffenbarten Lehrbegrif bei dem seinigen voraus, fügte aber theils selbst, theils durch seine Apostel noch verschiedenes von sich und von andern wissenswürdigen Wahrheiten hinzu. Und also entstand die christliche Religion, das ist der von Christo und seinen Aposteln gebildete Lehrbegrif von Gott und dem ihm gefälligen Verhalten. Die Unterscheidungslehre derselben ist, daß Jesus der Christ ist: und daher heißt sie vornemlich die christliche Religion, und die Bekenner derselben heissen Christen.

§. 6.

Es ist diese Religion demnach theils aus dem Lehrbegrif des Alten Testaments, theils aus den Erweiterungen desselben durch Christum und seine Apostel zusammengesetzt: und begreift, wie jede Religion, zweierlei Wahrheiten: 1) Wahrheiten vom Erkenntnis Gottes, oder die vorstellen, was von Gott zu erkennen ist: und 2) Wahrheiten von dem ihm wohlgefälligen Verhalten. Die erstern vereinigen sich dahin, daß ein höchstes Wesen vorhanden ist, welches die Welt erschaffen hat und erhält: daß solches ein einiges, allmächtiges, allweises und allgütiges Wesen ist: daß sich dasselbe fortgesetzt um den Zustand eines jeden seiner Geschöpfe bekümmert, und desselben bestmöglichsten Zustand besorgt: daß es die Menschen zur Religion und Glückseligkeit erschaffen: und ihnen durch die Vernunft und Offenbarung darzu dienliche Gesetze vorgeschrieben hat: daß diese Gesetze aber von keinem Menschen gehörig und beständig beobachtet werden, und daher alle Menschen Sünder sind, und damit den Unwillen ihres Schöpfers und höchsten Wohlthäters verschulden: daß derselbe aber sie zu begnadigen

gnadigen und zu heiligen bereit ist: daß er dazu den Glauben an einen Mittler erwählt und verordnet hat: daß Jesus von Nazareth, dessen Geschichte die vier Evangelien erzählen, dieser dazu erwählte Mittler war: daß nun alle, die an ihn glauben, wirklich begnadigt und geheiligt werden: und daß nach dem gegenwärtigen noch ein anderes unaufhörliches Leben bevorsteht, in welchem Tugend und Laster vergolten werden sollen: und daß die völlige Einführung in dasselbe durch eine allgemeine Auferweckung der Todten und ein darauf zu haltendes Weltgericht geschehen wird.

§. 7.

Die andern vereinigen sich dahin: daß in jedem Menschen eine Sinnesänderung vorgehen, und anstatt der Geneigtheit, blos sich selbst zu lieben, und noch dazu unordentlich zu lieben, blos die kleinern Güter dieses Lebens zu begehren, die Liebe Gottes und Jesu Christi in ihm herrschend werden, und eine überwiegende Begierde nach den größern und wichtigern Gütern der Seele und des zukünftigen Lebens entstehen müsse: daß er hierauf von solcher Liebe zu Gott und Jesu Christo angetrieben, alle seine Pflichten aufs gewissenhafteste erfüllen, damit solches geschehen könne, sich der möglichsten Erkenntniß seiner Pflichten befleißigen, dieselben und die dazu habenden Bewegungsgründe, um einen beständigen Eindruck davon in seinem Gemüthe zu erhalten, sich öfters vorstellen, und daher durch Betrachtung und Gebet fortgesetzt in der Ausübung derselben stärken müsse:

müsse: daß er daher auch an dem gemeinschaftlichen und öffentlichen Gottesdienste der Christen Theil nehmen, und die von Christo theils zur Weihung zu seiner Religion, theils zum Gedächtnis seines Erlösungswerkes verordnete Feierlichkeiten desselben, die Taufe und das Abendmahl, christlich gebrauchen und beobachten müsse.

§. 8.

Niemand kann erkennen, daß dieser Lehrbegrif in sich selbst sehr wohl zusammenhängt. Und nach den Verheissungen einer göttlichen Begnadigung und Heiligung sowohl, als eines ewigen glückseligen Lebens nach dem gegenwärtigen, welche derselbe in sich faßt, ist es ein höchst erfreulicher Lehrbegrif, von welchem zu wünschen ist, daß er wahr seyn möge. Es wäre traurig, wenn die christliche Religion bei allem dem schönen Zusammenhange, der in den sämtlichen Lehren und Theilen derselben wahrzunehmen ist, doch mit allen übrigen Religionen in der Welt, mit der jüdischen, heidnischen und mahomedanischen das gemein haben sollte, daß sie nicht durch und durch wahr wäre. Aber diese Besorgnis sind wir durch den zu führenden Beweis zu zerstreuen gesonnen. Es soll erwiesen werden, daß es eine durch und durch wahre Religion ist, die daher auch von einem jeden, dem sie bekannt worden ist, so wahr er selig werden will, geglaubt und ausgeübt werden muß.

§. 9.

Es ist dieselbe ohnfehlbar durch und durch wahr, wenn sie von ihren Urhebern aus göttlichen Offenbarungen

gen erkannt und vorgetragen worden ist. Denn es ist unmöglich, daß Gott jemals etwas falsches geoffenbart haben soll: auch dabei gleichgültig, ob sie durch innere oder äußere Offenbarungen zu ihren Urhebern gelangt ist. Und in Ansehung vieler wichtigen Theile derselben haben wir kein ander Merkmal, uns von der Wahrheit derselben zu vergewissern, als daß sie Gott geoffenbaret hatte. Hieher gehören sämtliche in derselben enthaltene Rathschlüsse Gottes über die Menschen: über die Begnadigung, die Heiligung und zukünftige Vollendung derselben. Also werden wir nicht nur die Wahrheit der christlichen Religion zuverläßig erwiesen haben, wenn wir die Göttlichkeit derselben erwiesen haben; sondern selbst die durchgängige Wahrheit derselben behaupten zu können, müssen wir den göttlichen Ursprung derselben erwiesen haben.

§. 10.

Aber es ist doch nicht gerade nöthig, daß ihre Urheber jeden Theil derselben aus göttlichen Offenbarungen erkannt und vorgetragen haben müssen. Und wenn sie auch vieles nach eigner darüber habenden Einsicht vorgetragen haben sollten; so würde es doch nicht falsch seyn, wenn es doch von Gott unmittelbar gebilligt oder bestätigt worden ist: wenn z. E. derjenige, der dergleichen vortrug, von Gott ein für allemal als eine Person, die seiner Offenbarungen genösse, hinlänglich erwiesen worden. Denn sobald Gott Jemanden als einen solchen andern Menschen erwiesen hatte, sorgte er gewiß

gewiß dafür, daß er nichts falsches lehrte. Widrigenfals war er nach dem Ansehen, mit welchem er ihn bekleidet hatte, selbst daran schuld, daß seine Irrlehren als göttliche Wahrheiten erkannt und angenommen wurden. Wenn ein Regente von irgend Jemande seinem Volke wissend gemacht hat, daß er seine Befehle durch ihn bekannt machen werde; so thut er auch dazu, daß er nichts verfüge, daß er nicht gebilliget haben sollte. Also kommt es nur darauf an, ob der ganze in der Schrift verfaßte Lehrbegrif von Gott unmittelbar geoffenbart, oder doch gebilligt und bestätigt worden ist.

§. 11.

Die Schrift hat uns selbst die Geschichte ihres Lehrbegrifs gemacht. Nach derselben hatte Gott den Stammeltern des menschlichen Geschlechts die nöthigsten Erkenntnisse von sich und dem ihm wohlgefälligen Verhalten anerschaffen; und er vergrösserte und bestätigte solche durch darauf erfolgte Offenbarungen. Dergleichen genossen mehrere von ihren Nachkommen: mehrere unter den sogenannten Erzvätern: und bei dem langen Leben derselben vor und nach der Sündfluth wurden sie durch mündliche Ueberlieferung zuerst vor der Sündfluth in der Nachkommenschaft Seths, und nach derselben in der Nachkommenschaft Sems und Abrahams erhalten. Moses wurde von Gott bevollmächtigt, eine besondere bürgerliche und gottesdienstliche Verfassung unter den letztern einzuführen. Er empfing die dazu

gerich-

gerichteten Gesetze unmittelbar von Gott, und brachte den Lehrbegrif des Alten Testaments in eine gewisse Ordnung. David und Salomo erhoben den mosaischen Gottesdienst nicht nur mit göttlicher Vollmacht unter ihrem Volke zu einer noch größern Vollkommenheit, sondern der erste verbreitete auch durch seine Lieder eine rührende Erkenntnis sämtlicher damals geoffenbarter Lehren. Die Propheten sorgten mit ähnlicher Vollmacht für die Erhaltung und Ausführung derselben unter ihrem Volke. Und endlich erschien Jesus, der einer fortdaurenden Eingebung genoß, und vollendete theils durch eignen persönlichen Unterricht, theils durch seine mit den Gaben des heiligen Geistes erfüllte Apostel den geoffenbarten Lehrbegrif. Paulus faßte die Geschichte desselben kurz also zusammen: nachdem Gott vor Zeiten manchmal und auf mancherlei Weise zu uns geredet hat durch die Propheten; so hat er am letzten in diesen Tagen zu uns geredet durch den Sohn *).

§. 12.

Diese Geschichte von dem in der Schrift verfaßten Lehrbegrif ist an sich sehr wahrscheinlich. Gott wollte ohnfehlbar zeitig und vom Anfange her die Religion in den Menschen, als den kräftigsten Antrieb zu guten Handlungen, und als das vollkommenste Mittel zur Glückseligkeit. Aber ohne einen äußern Unterricht kam die Religion entweder nie oder doch erst spät in die Menschen.

*) Hebr. 1, 1.

schen. Und dergleichen Unterricht konnten die Menschen anfänglich von Niemande als von Gott selbst empfangen. Also wird höchst wahrscheinlich, daß Gott die ersten Erkenntnisse entweder den Menschen anerschaffen, oder durch anfängliche Offenbarungen darüber verliehen hat. Und es ist auch höchst wahrscheinlich, daß er dergleichen werde fortgesetzt, und den von ihm ertheilten Religionsunterricht von Zeit zu Zeit erneuert, und nach und nach, wie es die Fähigkeiten der Menschen erlaubten, immer vollkommner gemacht haben.

§. 13.

Ist aber diese Geschichte von dem in der Schrift befindlichen Religionsunterricht zuverläßig; so ist derselbe ein durch und durch wahrer Religionsunterricht. Denn Moses und die Propheten, Jesus und die Apostel, aus deren Reden und Schriften er erwächst, sollen göttliche Offenbarungen und Vollmachten zu den von ihnen ertheilten Unterweisungen gehabt haben: und wann sie auch nicht alle Theile derselben durch eine unmittelbare Belehrung von Gott gehabt haben sollten; so würden wir sie dennoch, wie gesagt, für von Gott gebilligte und bestätigte Unterweisungen zu erkennen haben. Also kömmt es bei dem vorhabenden Beweise darauf an, daß es mit den ihnen in unsern heiligen Büchern zugeeigneten göttlichen Offenbarungen seine Richtigkeit hat. Und wie werden wir dieses zu untersuchen, oder uns davon zu überzeugen haben? Sie haben allein wissen, und daher auch glaubwürdig bezeugen können,

nen, daß sie dergleichen hatten. Also haben wir nachzusehen, ob sie dergleichen zu haben von sich bezeugt und versichert haben. Aber denn ist noch möglich, daß sie sich dergleichen fälschlich eingebildet, oder aus allerlei Absicht, und vielleicht selbst aus der frommen Absicht, ihren Lehren desto mehr Beifall zu verschaffen, fälschlich vorgegeben haben. Diese Möglichkeit verschwindet, wenn Gott ihr Zeugnis mit Wundern oder Weißagungen bestätiget hat. Und wirklich meldet die Schrift, daß solches geschehen sey. Also wissen wir nun bestimmt, was zu einem Beweise der Wahrheit der christlichen Religion bewiesen werden muß. Es muß bewiesen werden, daß die Urheber derselben göttliche Offenbarungen zu haben behauptet, und diese ihre Behauptung mit Wundern oder mit Weissagungen behauptet haben.

§. 14.

Um diese wohl zu verstehen, ist einige Erkenntnis von der Beschaffenheit eines Wunders und einer Weissagung unentbehrlich. Ein Wunder nennen wir eine ungewöhnliche Begebenheit, die durch keine Kraft in der Welt, sondern von Gott unmittelbar gewirkt worden ist. So würde z. E. die Auferstehung eines Todten ein Wunder seyn. Denn es würde nicht nur etwas ungewöhnliches seyn, sondern auch nicht anders als durch eine Wirkung der göttlichen Allmacht seine Wirklichkeit erhalten. Unter einer Weissagung aber verstehen wir die Vorherverkündigung einer Begebenheit, die jemand

nicht

nicht anders als aus einer göttlichen Offenbarung vorher verkündigen konnte. Sofern jemand die Erkenntnis einer solchen zukünftigen Begebenheit aus einer göttlichen Offenbarung, und mithin durch eine unmittelbare Wirkung Gottes hat, ist solche im Grunde auch nichts anders als ein Wunder. Also ist es einerlei, ob die Urheber der christlichen Religion die Versicherung, daß sie göttliche Offenbarungen hätten, mit Weissagungen oder mit andern Wundern bestätigt haben: und der darinnen liegende Beweis von der Wahrheit ihrer Versicherung ist in beiden Fällen einerlei. Weissagungen sind sowohl ungewöhnliche von Gott unmittelbar gewirkte Begebenheiten, als andere Wunder. Es findet nur der Unterschied statt, daß andere Wunder sogleich, Weissagungen aber erst alsdenn beweisen, wenn sie erfüllt worden, und also offenbar wird, daß es wahre Weissagungen gewesen.

§. 15.

Ein jeder versteht ohne Mühe, daß eine Versicherung ohnmöglich falsch seyn kann, die mit Wundern oder Weissagungen bestätigt worden ist. Es ist augenscheinlich unmöglich, daß Gott etwas zur Bestätigung einer Unwahrheit, und noch dazu unmittelbar thun sollte; und ein Wunder ist eine unmittelbare Wirkung Gottes. Aber wie konnte man jemals mit Zuverläßigkeit wissen, daß etwas wirklich ein Wunder war? Und wie können wir mit Zuverläßigkeit wissen, daß die ungewöhnlichen Dinge, welche den Urhebern der christlichen Religion zugeeignet werden, wahre Wunder gewesen

weſen ſind? Kennen wir denn alle Kräfte in der Welt, um mit Zuverſicht zu ſagen, daß dieſes oder jenes auch ungewöhnliche durch keine Kraft in der Welt gewirkt, und alſo ein wahres Wunder geweſen ſey? Wir brauchen dieſelben gar nicht ſämtlich zu kennen, um in Anſehung der Wunder, welche den Urhebern der chriſtlichen Religion in der Schrift zugeeignet werden, gewiß zu werden, daß ſolche ſämtlich wahre Wunder geweſen ſind. Die Wunder, welche Moſen und Chriſto, den Propheten und den Apoſteln zugeſchrieben werden, waren offenbar Wirkungen, welche durch keine erſchaffene Kraft hervorgebracht werden konnten. Alſo kömmt es nur darauf an, daß die Wirklichkeit derſelben wohl erwieſen werde.

§. 16.

Wir wollen uns gleichwol bei dem Einwurfe noch etwas verweilen. Sollten es keine wahre Wunder geweſen ſeyn, ſo müßten wir entweder annehmen, daß die Urheber derſelben gewiſſe verborgene Kräfte in der Natur gekannt, und dabei gebraucht; oder daß ihnen gewiſſe unſichtbare Kräfte dabei geholfen hätten. Aber die meiſten von ihnen erzählten Wunder ſind ſo beſchaffen, daß es gar keine Kräfte in der Natur gegeben haben kann, durch welche ſie hätten hervorgebracht werden können. Wie könnte durch irgend eine Kraft in der Natur Waſſer aus einem Felſen hervorgebracht werden, wo kein Waſſer war? Oder fünf Broden eine Hinlänglichkeit zur Sättigung einiger tauſend Menſchen ertheilet

theilet werden? Und sollten ihnen gewisse unsichtbare Kräfte dabei geholfen haben; so müßten es doch mit Verstand begabte Kräfte gewesen seyn, weil sie es zu der Zeit thaten, da die Religionslehrer es verlangten. Also müßten es gewisse Geisterkräfte gewesen seyn. Entweder gute oder böse. Böse können es nicht gewesen seyn, weil dieselben nie zur Beförderung der Religion etwas gethan haben können. Und gute können es auch nicht gewesen seyn, weil dieselbigen nicht zur Bestätigung einer Unwahrheit dergleichen gethan haben können.

Anmerkung: Der Einwurf, daß es vielleicht Betrügereien und bloße Blendwerke gewesen sind, verdienet gar keine Beantwortung.

§. 17.

Die Wahrheit der christlichen Religion ist zuverläßig erwiesen, wenn nur erwiesen ist, daß die Urheber derselben göttliche Offenbarungen zu haben behauptet haben, und zum Beweise dessen die ausserordentlichen Dinge vorgegangen sind, welche nach dem Berichte der Schrift zum Beweise dessen vorgegangen seyn sollen. Also kömmt es darauf an, ob die Beweise der Schrift davon glaubwürdige Berichte sind. Der ganze Beweis von der Wahrheit der christlichen Religion, löset sich in den Beweis von der Wahrheit der biblischen Geschichte auf, und namentlich der biblischen Geschichte von Mose und den Propheten, von Christo und seinen Aposteln.

§. 1*.

§. 18.

Noch etwas kann gleichwohl zur Vollständigkeit desselben verlangt werden; der Beweis, daß der Lehrbegrif, welchen wir in der heiligen Schrift verfaßt finden, auch eben derjenige sey, welchen Moses und die Propheten, Christus und die Apostel, die Personen, welche die göttlichen Offenbarungen genossen, und die Wirklichkeit derselben mit Wundern bestätigt haben, gelehrt und vorgetragen haben. Aber sie haben selbst ihren Lehrbegrif in den heiligen Büchern geschrieben. Von Mose und den Propheten ist solches in den von ihnen vorhandenen Schriften geschehen. Christus hat zwar selbst nicht geschrieben; aber wir haben Auszüge aus seinen Reden, darinnen wir doch seine Lehren mit seinen eignen Worten haben. Und die Apostel haben wieder selbst geschrieben. Von Paulo, der seine Lehre sowohl, als die übrigen Apostel unmittelbar von Gott und von Christo zu haben behauptet *), haben wir vierzehn Briefe. Und es werden doch diese heiligen Männer nicht selbst den ihnen von Gott anvertrauten Lehrbegrif verfälscht haben. Leute, die solches vorsetzlich zu thun aufgelegt waren, würde Gott dergleichen nicht anzuvertrauen gewürdiget haben: und unvorsetzliche Verfälschung desselben hinderte er bei ihnen unausbleiblich.

Anmerkung. Die Besorgnis, daß sie uns denselben nicht aufs richtigste geliefert haben dürften, verschwindet völlig, wenn erweislich ist, daß sie bei Ausfertigung ihrer Schriften

*) Gal. 1, 11. 12.

ten einer göttlichen Eingebung oder Mitwirkung genossen haben. Und das ist höchst wahrscheinlich. Hat Gott durch eine Menge Wunder darzu gethan, daß ein gewisser Lehrbegrif von ihm und dem ihm wohlgefälligen Verhalten unter die Menschen käme; so wird er auch gewiß dazu gethan haben, daß solcher unter den Menschen erhalten und richtig fortgepflanzt würde.

§. 19.

Wenn wir das bisherige zusammen nehmen; so wird doch immer ein Beweis von der Wahrheit der christlichen Religion ein gar viel begreifender Beweis werden. Es muß zuvörderst die Wahrheit der in der Schrift gemeldeten Offenbarungen und der zur Bestätigung derselben vorgegangen Wunder bewiesen werden. Folglich die Glaubwürdigkeit der Geschichtbücher, darin dergleichen von Mose und den Propheten, von Christo und den Aposteln erzählt werden, und solche dergleichen zum Theil von sich selbst erzählen: folglich die Glaubwürdigkeit wenigstens der meisten historischen Bücher im Alten und sämtlicher im Neuen Testamente. Hiernächst aber muß dargethan werden, daß die heiliger Bücher, welche uns den von ihnen vorgetragenen Lehrbegrif liefern, denselben auch unverfälscht liefern, und daher entweder von ihnen selbst, oder doch von Leuten geschrieben worden sind, welche ihn genau wußten und gewiß nicht vorsetzlich verfälschten.

Anmerkung. Wird dabei eine göttliche Eingebung dieser Schriften angenommen: so muß noch ein neuer Beweis hinzukommen.

§. 20.

§. 20.

Eine fromme Freude muß es einem jeden Freunde der geoffenbahrten Religion verursachen, daß die Sache dieser Weitläuftigkeit nicht bedarf. Kann nur bewiesen werden, daß Christus seine Lehre unmittelbar von Gott gehabt hat; so ist die Göttlichkeit und mithin die Wahrheit des gesammten in der Schrift verfaßten Religionsunterrichts bewiesen. Denn der Lehrbegrif des Neuen Testaments ist blos aus Lehren Christi und einigen von seinen Aposteln seiner Verheissung gemäß durch Erleuchtung vom heiligen Geist hinzugefügten Zusätzen zusammengesetzt. Die erstern ergeben sich ziemlich vollständig aus den eignen in den Evangelien gesammleten Reden Christi: und in Ansehung der andern kann, wenn Christi ganze Lehre wirklich eine göttliche Lehre war, die Verheissung nicht unerfüllt geblieben seyn, daß der heilige Geist sie alles lehren, in alle Wahrheit leiten und zu dem Ende in ihnen bleiben würde *). Den Lehrbegrif des Alten Testaments hat aber Christus durchgängig als einen wahren und göttlichen Lehrbegrif bey seiner Lehre vorausgesetzt, und zu dem Ende auf die solchen enthaltenden Schriften als auf einen göttlichen Unterricht zum ewigen Leben verwiesen: suchet in der Schrift, denn ihr meinet das ewige Leben darinnen zu haben (erkennt solche für einen göttlichen Unterricht zum ewigen Leben) und sie ists die von mir zeuget **). Und darüber

*) Joh. 14, 16. 17. 26. 16, 13.   **) Joh. 5, 39.

über kann er, wenn er seine Lehre von Gott hatte, nicht geirret haben.

§ 21.

Aber Jesus hatte seine Lehre unmittelbar von Gott, wenn dasjenige zuverläßig ist, was die vier Evangelien von ihm erzählen. Nach Berichte derselben hat er solches von seiner Lehre behauptet: daß er sie von Gott habe und nicht von ihm selber rede *). Und zum Beweise dessen ist eine grosse Menge von Wundern theils durch ihn geschehen **) theils mit ihm und an ihm vorgegangen ***). Und es ist unmöglich, daß er unter diesen Umständen etwas falsches von seiner Lehre versichert haben sollte. Also ist die Wahrheit der Lehre Christi, und damit die Wahrheit der gesammten christlichen Religion entschieden, wenn die Glaubwürdigkeit der Evangelien entschieden ist: und es darf nichts weiter, als die Glaubwürdigkeit der vier Evangelien erwiesen werden, um die Wahrheit der christlichen Religion zu erweisen.

§. 22.

Dieser Beweis hat ausser seiner Kürze noch zween andre wichtige Vortheile. Zuvörderst hat Christus nicht blos eine und die andere götliche Offenbahrung zu haben, sondern seine gesammte Lehre unmittelbar von Gott zu haben, seine ganze Lehre aus einer fortdauernden Belehrung von Gott zu erkennen behauptet: nie allein

*) Joh. 7, 16. 17. Cap. 8, 26. 14, 24.
) Joh. 5, 36. Cap. 10, 25. 37. 38.   *) Joh. 29, 31.

zu seyn und lauter ihm vom Vater gelehrte Dinge zu reden behauptet *). Also aber haben wir in der Lehre Christi nicht von Gott geoffenbahrte und blos von ihm gebilligte Lehren zu unterscheiden; sondern es ist der göttliche Ursprung und mithin auch die Untrüglichkeit seiner gesammten Lehren erwiesen, wenn die Zuverläßigkeit seiner Versicherungen darüber erwiesen ist. Hiernächst macht die Menge, Mannigfaltigkeit, und Beschaffenheit der von ihm erzählten Wunder den Verdacht und Einwurf ganz unmöglich, ob solche nicht Wirkungen des Betruges oder gewisser von ihm besessener Geheimnisse der Natur gewesen seyn dürften. Er verrichtete dieselben größtentheils öffentlich und durch ein bloßes Wort, so oft dergleichen nur von ihm anständig verlangt wurden. Die Ausflucht seiner Feinde, daß er solche in Beystand böser Geister verrichte, wird wie bey allen zur Beförderung der Religion und Tugend geschehenen Wundern ganz unmöglich.

> Anmerkung. Wenn die Evangelien zuverläßig sind, so hat Christus die Göttlichkeit seiner Lehre sowohl mit Weissagungen als mit Wundern bestätiget. Aber zu unsrer Ueberzeugung sind die letztern vollkommen hinreichend. Und in einem allgemeinen Beweise von der Glaubwürdigkeit der Evangelien ist zugleich der Beweis von der richtigen Aufbehaltung sämmtlicher in denselben aufgezeichneten Reden Christi enthalten. Folglich der Beweis, daß Christus alles dasjenige wirklich gelehret habe, was diese Reden enthalten.

B 2 §. 23.

*) Joh. 8, 28. 29.

§. 23.

Und nun dieser Beweis von der Wahrheit der christlichen Religion soll in diesen Blättern geführt werden: der Beweis, daß die vier Evangelien wahre und glaubwürdige Geschichtbücher sind. Denn sind sie das: so hat (daß ich es noch einmal entwerfe) Jesus seine ganze Lehre unmittelbar von Gott zu haben behauptet, und Gott zur Bestätigung dessen durch ihn und mit ihm eine grosse Menge von Wundern gethan. Und war seine ganze Lehre von Gott: so ist der ganze in der Schrift verfaßte Religionsunterricht ein göttlicher, und mithin auch durchgängig wahrer Religionsunterricht. Denn er ist aus lauter von ihm selbst vorgetragenen oder doch von ihm für göttlich erklärten Lehren zusammengesetzt. Und nun, o Leser, wer du auch seyst, forsche gewissenhaft nach, ob die Gründe, mit welchen die Wahrheit und Glaubwürdigkeit der Geschichte von Jesu erwiesen werden wird, solche wahrhaftig erweisende Gründe sind. Es ist damit auf eine Ueberzeugung bey dir angesehen, von welcher dein ganzes Leben und deine ganze Hoffnung im Leben und Sterben abhängt. Forsche gewissenhaft nach, ob nach allem demjenigen, was dir für die Glaubwürdigkeit dieser Geschichte gesagt werden wird, noch möglich bleibt, daß solches eine Fabel und nicht eine Geschichte ist: und kannst du der Wahrheit nicht widerstehen; so brich mit Thoma in das Bekenntnis und in die Entschliessung aus: mein Herr und mein Gott!

Das zweite Hauptstück.
Die grosse Wahrscheinlichkeit der evangelischen Geschichte.

§. 24.

Da sind, so weit wir um uns hersehen, Christen, Leute die darin übereinkommen, daß Jesus in der Welt gelebt habe, daß er ein göttlicher Religionslehrer gewesen sey, und daß wir glauben und thun müssen, was er zu glauben und zu thun vorgeschrieben hat. Es muß dieser Glaube doch in der Welt seinen Ursprung haben. Entweder Jesus selbst, oder ein Anhänger von ihm, oder mehrere seiner Anhänger müssen solches zuerst gelehret, und dabey etwas gethan haben, andere Menschen zur Annehmung ihrer Lehre zu bewegen. Es ist auch wahrscheinlich, daß solches alsobald von vielen Menschen geglaubt worden seyn muß, weil es sich so sehr verbreitet hat. Es muß schlechterdings eine Geschichte des Christenthums geben: eine Reihe von Begebenheiten, durch welche dasselbe in die Welt eingeführt worden ist.

§. 25.

Die Evangelisten liefern uns eine durchgängig mögliche und höchst wahrscheinliche Geschichte desselben. Ihren Berichten zufolge lebte vor ohngefähr siebenhundert Jahren ein frommer Mann Namens Jesus in Palästina. Dieser behauptete, der in den Propheten verheissene

verheissene Meßias oder göttliche Religionslehrer zu seyn: predigte einige Jahre hindurch in den volkreichsten Gegenden und Städten des Landes, und sammlete sich durch die Wunder, mit welchen er seine Lehre bekräftigte, eine Anzahl von Jüngern, aus welchen er einige zu seinen beständigen Gefährten erwählete. Er zog sich durch die Bestrafung der Heuchelei und des Aberglaubens den Haß der jüdischen Geistlichkeit zu, und wurde auf Anstiften derselben gekreuzigt. Aber seine darauf erfolgte Auferweckung und Himmelfahrt befestigte seine Anhänger in dem Glauben an seine Person und Lehre. Sie predigten ihn öffentlich alsobald nach derselben in Jerusalem, wo man die Wahrheit seiner Hinrichtung und Auferstehung wissen und untersuchen konnte. Und Gott bekräftigte auch ihre Predigten mit Wundern. Sie setzten solche standhaft bei allen ihren daher zuwachsenden Gefahren fort, und sammleten an diesem Orte aus Einheimischen und Fremden zum Pfingstfeste dahin gekommenen Juden eine zahlreiche christliche Gemeinde. Die durch ihren Dienst zum Glauben gebrachten Fremblinge verbreiteten solchen zeitig anderswo; und sie selbst errichteten nach einer von der Geistlichkeit zu Jerusalem über sie verhangenen heftigen Verfolgung, und darauf erfolgten Zerstreuung, an mehr Orten ausserhalb Jerusalem christliche Gemeinden. Nach und nach fingen sie an, den Glauben von Jesu auch Heiden zu überliefern. Ein gelehrter Jude Saul, der sich nachmals Paulus nannte, wurde durch eine

göttliche

göttliche Erscheinung bewogen, zu ihnen zu treten: und dieser stiftete mit Beistand mehrerer fast überall im Römischen Reiche christliche Gemeinden. Alles geschahe durch glaubhafte Erzählung der Begebenheiten und Thaten Jesu Christi, welche Gott überall mit Wundern bestätigte. Also durch Ueberzeugung. Das ist die Geschichte des Christenthums, wie sie von den Evangelisten vorgestellt wird.

§. 26.

Diese Geschichte ist ohnleugbar durch und durch möglich oder aus lauter möglichen Dingen zusammengesetzt. Das einzige, was einen Anstoß erregen kann, ist die Menge von Wundern, mit welchen Gott die Lehre Christi und das Zeugnis der Apostel von demselben bestätigt haben soll. Allein alle diese Wunder sind doch mögliche Dinge. Wenn ein Gott ist: so muß er auch das Vermögen haben, in der Welt ohne Beihülfe der erschaffenen Kräfte allerlei ausserordentliche Dinge zu wirken. Und wenn so viel Wunder nöthig waren, um eine von ihm zum Heil der Menschen geoffenbarte Lehre unter die Menschen zu bringen; so war es auch seiner Weisheit und Güte gemäß, dieselbe mit so viel Wundern in der Welt zu bestätigen. Das darf uns dabei kein Bedenken verursachen, daß dergleichen nicht noch zu unsern Tagen zur Bestätigung der Lehre Christi vorgehen. Wenn wir nur glaubwürdig wissen, daß dergleichen ehemals zur Bestätigung derselben vorgegangen sind; so ist es eben so viel, als wenn dergleichen noch

beständig

beständig vorgiengen. Also können sie aufgehört haben, weil sie nicht ferner nöthig waren.

§. 27.

Es ist aber die Geschichte des Christenthums, welche die Evangelisten uns liefern, nicht nur eine durch und durch mögliche, sondern auch höchst wahrscheinliche Geschichte. Die Stifter des Christenthums müssen doch etwas gethan haben, wodurch sie Aufmerksamkeit auf ihre Lehre erregt und Beifall gegen dieselbe hervorgebracht haben; nichts aber war zu beiden Absichten bequemer als Wunder. Dergleichen ausserordentliche Dinge mußten die Neugierde reitzen; und wer nicht mit Vorurtheilen erfüllt war, konnte den Gedanken nicht widerstehen, daß eine Lehre wahr und von Gott seyn müßte, welche Gott mit solchen ausserordentlichen Wirkungen bekräftigte. Und ohne dergleichen ausserordentliche Wirkungen würden die Lehrer des Christenthums, als Juden, sonderlich unter den Heiden, keine Aufmerksamkeit erregt, und keinen Eingang gefunden haben. Sie waren auch das einzige Mittel, Leute von der Wahrheit ihrer Lehre sogleich zu überzeugen, und also dieselbe in kurzer Zeit unter viele Menschen zu verbreiten. Und insonderheit unentbehrlich, den gemeinen Mann, auch ohne seine Obern zu Vorgängern zu haben, und selbst bei Widerstande derselben gegen die neue Lehre, zur Annehmung derselben zu bewegen. Also ist mit Hülfe dieser Geschichte die Einführung des Christenthums in die Welt sehr wohl zu erklären. Und sie
wird

wird damit innerlich sehr wahrscheinlich, daß solche ohne dergleichen zur Bestätigung desselben im Anfange vorgegangenen Wunder schwerlich zu erklären ist.

§. 28.

Jede andere Vorstellung, die wir uns vom Ursprunge des Christenthums machen können, ist höchst unwahrscheinlich. Wir müßten annehmen, daß der Stifter des Christenthums entweder ein Schwärmer gewesen sey, der sich fälschlich seine Lehre aus einer göttlichen Eingebung und Offenbarung zu erkennen eingebildet hätte; oder ein Betrüger, der solches blos entweder aus frommer Absicht, um seiner zur Tugend gerichteten Lehre desto eher Beifall zu verschaffen, oder aus Ruhmsucht und Eigennutz vorgegeben hätte: und hiernächst annehmen, daß er entweder durch eine anscheinende Frömmigkeit, oder durch allerlei gespielte Betrügereien eine Anzahl leichtgläubiger Leute an sich gezogen, und bei denselben ein Vertrauen zu seiner Person und Lehre hervorgebracht hätte: daß hierauf einige seiner Vertrauten den Betrug fortgesetzt, oder weil sie ihn im Ernste für einen von Gott getriebenen Religionslehrer gehalten, sich zur weitern Ausbreitung seiner Lehre berufen geglaubt hätten: daß sie damit entweder wegen ihrer Frömmigkeit, auch unter allen sie darüber betreffenden Widerwärtigkeiten bewiesenen Standhaftigkeit, oder wegen ähnlicher von ihnen gespielten Betrügereien, damit wirklich viel Leute eingenommen hätten; und daß hierauf das übrige entweder durch Gewalt, oder durch

den

den Uebertritt einiger Grossen, oder auf andre Weise gemacht worden sey.

Anmerkung. Es verdienet wohl angemerkt zu werden, daß es außer der Geschichte des Christenthums in den Evangelisten gar keine, folglich auch keine gegenseitige Geschichte desselben giebt: mithin jede andere Vorstellung von dem Ursprunge des Christenthums in der Welt auf blossen Muthmaßungen beruht, wie dasselbe auf eine anderweitige Weise ohne Gottes Zuthun durch Betrug oder Schwärmerei in die Welt gekommen seyn könnte. Die neuern Widersacher desselben machen, ohne die geringsten alten Berichte oder Ueberlieferungen für sich zu haben, die Geschichte desselben selbst aus den Evangelisten: indem sie alle darin gemeldete Hauptbegebenheiten annehmen, und solchen nur eine Wendung geben, daß nichts als Betrug oder Schwärmerei übrig bleibt. Sie legen die Berichte von Jesu und seinen Aposteln zum Grunde; lassen aber aus denselben hinweg; oder setzen hinzu, was und soviel wegzulassen oder hinzuzufügen ihrem Zwecke gemäß scheint. Das würden sie nicht thun, wenn es anderweitige Berichte darüber gäbe.

§. 29.

Man wird dieser Vorstellung der Sache nicht den Vorwurf machen können, daß nicht alles in derselben an sich wohl möglich sey. Und Jesus und seine Apostel konnten desto eher aus frommer Absicht eine Religionsverbesserung unternehmen, und sich dabei eine göttliche Vollmacht dazu zu haben einbilden, oder zu haben vorgeben, je größer Aberglaube und Verderben zu der Zeit unter

unter Juden und Heiden waren. Und die Größe dieses durchgängigen Verderbens konnte den Beifall gegen eine demselben entgegengesetzte zur Tugend führende Lehre erleichtern. Aber es fehlt viel, daß diese Vorstellung auch nur einige Wahrscheinlichkeit hätte. Daß die Stifter des Christenthums Betrüger, und auch nur fromme Betrüger gewesen seyn, hat nicht die geringste Wahrscheinlichkeit. Jesus, der Urheber desselben ist gekreuzigt worden. Das erzählen nicht blos die Evangelisten; sondern ist auch anderer Ursachen wegen keinem Zweifel unterworfen. Die Christen in der ganzen Welt haben das Abendmahl. Solches bezieht sich darauf, und würde nicht unter den Christen überall in der Welt seyn, wenn es nicht von der Gründung der Kirche her in dieselbe gekommen wäre. Er muß also wahrhaftig gekreuziget worden seyn, weil seine Kirche von je her eine sich darauf beziehende Feyerlichkeit und Gedächtnißhandlung hat. Nun muß er auch selbst im Angesichte dieses fürchterlichen Todes nichts von demjenigen widerrufen haben, was er bisher von sich und seiner Lehre behauptet hatte. Denn hätte er das gethan: so wäre es auf einmahl um den damit gemachten Anhang gethan gewesen. Aber hat es wohl einige Wahrscheinlichkeit, daß er als ein Jude, der ewige Strafen des Betruges glaubte und lehrte, den Betrug bis ans Ende fortgesetzt haben sollte? Es geht auch nicht an, daß er wegen einer dabei gehabten frommen Absicht nichts darüber befürchtet haben sollte. Er hatte nicht blos die Tugend geprediget,

und

und eine Vollmacht sie zu predigen vorgegeben: sondern noch von seiner Person eine Menge Dinge behauptet, die er, wenn sie nicht wahr waren, nicht ohne Gottesläste‍rung, und also nicht ohne die äußerste Gottlosigkeit von sich behaupten konnte. Diese würde er doch also im An‍gesichte des Todes und der Ewigkeit wenigstens wider‍rufen haben. Lasset uns seinen Tod, wie ihn die Evan‍gelisten erzählen, und wie wir ihn uns, wenn er ein Be‍trüger war, vorzustellen haben, gegen einander setzen! Nach den Evangelisten war er wirklich gewesen, wofür er sich ausgegeben hatte: und nun fuhr er nicht nur im Sterben fort, dasselbe von sich zu behaupten; sondern er starb auch mit einer freudigen Erwartung der ihm für seine Treue in dem ihm von Gott aufgetragenen Amte und für seine darüber übernommene Leiden bevorstehenden Belohnungen. War er ein Betrüger, und selbst ein from‍mer Betrüger; so hatte er, ich mag wohl sagen, die un‍menschliche Kühnheit, den Betrug auch noch im Ange‍sichte des Todes und der ihn deshalb bedrohenden ewigen Strafen fortzusetzen, Belohnungen für den Betrug und für so viele von seiner Person behauptete Lügen zu er‍warten. Ein jeder beurtheile, welches von beiden das wahrscheinlichere sey.

> Anmerkung. Es ist hieben zu erwägen, daß die Gekreuzig‍ten ordentlicher Weise mehrere Stunden am Kreuze leb‍ten, und daß der Stifter des Christenthums, indem er an dem Kreuze starb, öffentlich starb: mithin wenn er einige Reue oder Verlegenheit wegen seiner bisherigen Lehre ge‍äußert hätte, solches nicht verschwiegen geblieben seyn würde.

§. 30.

§. 30.

Aber wie wenn er sich im Ernste göttliche Offenbahrungen über seine Lehre zu haben eingebildet hätte? So wäre freilich seine Standhaftigkeit bei derselben eher zu erklären. Allein auch dieses ist höchst unwahrscheinlich. Hat er wirklich geredet und gethan, was die Evangelisten davon berichten: so ist unmöglich, daß er ein Schwärmer gewesen seyn sollte. Denn seine Lehre war lauter gesunder Verstand und durch und durch gesunder Verstand: seine Handlungen waren es sämtlich ebenfals: und er konnte sich doch unmöglich einbilden, Wunder zu thun, die er nicht that. Aber wie wäre auch die Sage in die Kirche gekommen, daß er eine Menge Wunder gethan habe, wenn er nicht dergleichen wirklich gethan oder doch zu thun vorgegeben haben sollte? Nun mögen wir das eine oder das andere annehmen: so kann er kein Schwärmer gewesen seyn. Ein Betrüger wäre er im letztern Falle gewesen: und davon haben wir die Unwahrscheinlichkeit vorhin gesehen.

> Anmerkung. Es müsse keinem unserer Leser entgehen, daß wir unsere Betrachtungen auf schlechterdings keine Begebenheiten gründen, die wir blos aus den Evangelien wissen, und dabei wir also bereits die Glaubwürdigkeit derselben voraussetzen würden. Sollten dieselben aber ein wahres Gemählde von dem Character und der Lehre Christi seyn; so würde der Argwohn noch unmöglicher werden, daß ein Mann von so seltenen Verstandesgaben und von so großen Tugenden ein Betrüger oder ein Schwärmer gewesen seyn sollte. Und wenn wir auch un-

ser Urtheil über die Glaubwürdigkeit derselben noch aufschieben wollten; so müßten wir doch den Ursprung der christlichen Lehre wenigstens nach allen ihren Hauptpunkten und Besonderheiten von dem Urheber derselben in der Welt herleiten. Aber so können wir uns auch, wenn wir dieselbe nur einigermaßen kennen, nicht entbrechen, denselben allezeit für einen Mann von großen Verstandesgaben zu erkennen, der sich mit einer seltenen Stärke des Geistes über allen Aberglauben seines Volkes erhoben, und einen sehr vernünftigen Lehrbegrif hervorgebracht habe. Also aber werden wir es immer sehr unwahrscheinlich befinden, daß er ein Mensch von einer zerrütteten Einbildungskraft gewesen seyn sollte.

§. 31.

Und seine Apostel sollten das eine oder das andre gewesen seyn? Betrüger können sie um dreyer Ursachen willen nicht gewesen seyn. Zuvörderst ist nicht abzusehen, was sie in solchem Falle bewogen haben sollte, nicht vielmehr ihre Lehre auf eigene dem Vorgeben nach habende als auf Christo widerfahrene göttliche Offenbahrungen zu gründen: nicht vielmehr sich selbst der Welt zu Führern auf dem Wege zum Himmel darzustellen, als sie in dieser Absicht an Christum zu verweisen: nicht vielmehr ihr eigenes als Christi Ansehen zu befördern. Und das haben sie doch gethan: und dergestalt gethan, daß sie von denjenigen unter ihnen, welche keine Schriften hinterlassen haben, kaum etwas weiter als ihren Namen wissen. Ueberall haben sie Christum gepredigt: und, nachdem auch ihm selbst davon nicht der geringste

Vortheil

Die grosse Wahrscheinl. der evangel. Gesch. 31

Vortheil weiter zuwachsen konnte, ihn geprediget. Eine sonderbahre Art von Betrügereyen, die weder für sich, noch für ihren Helden etwas zu erlangen begehrten, oder zu erlangen hoffen konnten! Hiernächst erlaubt ihre Frömmigkeit nicht, sie in den Verdacht eines Betruges zu nehmen. Haben sie die Schriften, welche ihnen zugeeignet werden, wirklich geschrieben, so ist klar, daß es ihnen überall blos um die Tugend zu thun war. Und die Kirche hat sie nicht nur von je her als Heilige verehrt; sondern wenn sie das nicht gewesen wären; oder doch das Vertrauen der Frömmigkeit für sich gehabt hätten, hätten sie unfehlbar keinen Eingang gefunden. Einen Tugendlehrer, der nicht selbst, was er lehrt, ausübt, erwählt niemand leicht zu seinem Führer. Und zum dritten würde doch einem oder dem andern unter ihnen die Sünde leid geworden seyn, und darauf seine vom Betruge gemachte Entdeckung der ganzen weitern Verführung Einhalt gethan haben. Aber das muß von keinem unter ihnen geschehen oder bekannt geworden seyn, weil die von ihnen gepflanzten Gemeinden bey ihrer Lehre beharret sind.

§. 34.

Es ist auch höchst unwahrscheinlich, daß sie im Ernst Christum ihren Lehrer ohne hinreichenden Grund für einen göttlichen Religionslehrer gehalten, und sich daher das Evangelium von ihm überall zu predigen berufen erachtet haben sollten. Es muß doch nach der

Hie-

Hinrichtung desselben etwas geschehen seyn, das sie in ihrem von ihm gefaßtem Glauben erhalten und bestätigt hat. Die Kirche behauptet von je her, daß Jesus nach seiner Hinrichtung von Gott wieder auferweckt, und nach Seel und Leib in den Himmel versetzt worden sey. Und allen Christen in der Welt ist daher der Sonntag heilig: nachdem das erstere an einem Sonntage geschehen seyn soll. Dieses aber muß von den Aposteln in die Kirche gekommen seyn. Sie müssen also behauptet haben, Jesum nach seiner Hinrichtung wieder lebendig gesehen zu haben: und sie müssen ihn im Ernste für wieder auferweckt und lebendig gehalten haben: weil sonst nicht abzusehen ist, wie sie auch nach seiner geschehenen Hinrichtung im Glauben an ihn beharret seyn sollten. Aber unmöglich können sie sich doch ihn nach derselben wieder lebendig zu sehen blos eingebildet haben. Also verschwindet auch alle Wahrscheinlichkeit, daß alles bei ihnen aus einer falschen Ueberredung von der Sendung Christi und aus Leichtgläubigkeit herzuleiten sey.

§. 33.

Und wenn es gute leichtgläubige Leute waren, die im Ernste verführt waren: was hätten sie denn für Mittel, weiter zu verführen? Juden und Heiden zu bewegen, einen ihren bisherigen Meinungen ganz entgegengesetzten Lehrbegrif anzunehmen? Juden und Heiden zu bewegen, in einem Gehenkten den Meßiam und einen Sohn Gottes anzubeten? Es ist unerklärlich, wie sie mit einer solchen, dem ersten Anscheine nach, ungereimten

ten Lehre Eingang gefunden haben, wenn sie sich nicht entweder auf zur Bestätigung derselben geschehene Wunder berufen oder dergleichen selbst gethan haben. Ihre Frömmigkeit und Standhaftigkeit konnte ihnen einiges Vertrauen erwerben; aber nimmermehr so viel, daß man blos darauf eine so wunderliche und ungewöhnliche Lehre von ihnen angenommen hätte. Und wenn sie auch den Juden mit Hülfe verbesserter Begriffe vom Meßias aus den Propheten überzeugen konnten: was hatten sie denn für Mittel, den Heiden zu gewinnen? Von Gebrauch der Gewalt ist auch nicht die geringste Spur vorhanden.

> Anmerkung. Spätere Beispiele, daß die Schwärmer durch ihre bloße Frömmigkeit und Standhaftigkeit sich einen Anhang gemacht haben, erweisen gar nicht, daß dergleichen auch von Stiftern des Christenthums geschehen seyn könne. Diese Leute gaben blos vor, mit göttlicher Vollmacht den wahren Verstand der heiligen Schrift zu lehren oder wieder herzustellen, welche bereits bei ihren Zuhörern wegen der von ihnen geglaubten Wunder in einem göttlichen Ansehen war. Und so liesse sich die Gewinnung der Juden noch einigermassen erklären, da Christus und die Apostel blos den wahren Verstand des alten Testaments zu lehren oder wieder herzustellen behaupten konnten. Aber wie allerlei Leute bewogen werden können, irgend eine Lehre für eine göttliche Lehre zu erkennen, ohne einiges für dieselbe von Gott ertheiltes Zeugnis zu erkennen, ist mir unerklärlich. Man setze mir nicht den Beifall entgegen, welchen die Lehre Mahomets erhalten hat. Auch Ma-

Das zweite Hauptstück.

homet bezog sich auf ein bereits vorhin mit Wundern bekräftigtes göttliches Ansehen: und das meiste geschahe durch Gewalt.

§. 34.

Mit allen bisher angestellten Betrachtungen haben wir keinen weitern Zweck, als von der Geschichte des Christenthums, und des Ursprungs des Christenthums, wie solcher in den Evangelien vorgestellt wird, eine grosse Wahrscheinlichkeit, und von jeder sonst davon zu machenden Vorstellung zu behaupten, daß sie unwahrscheinlich ist. An sich möglich ist die eine und die andere. Aber wenn Jesus und die Apostel Wunder gethan haben; so ist so begreiflich, daß ihre Lehre Beifall erhalten hat, daß unbegreiflich seyn würde, wenn sie ohne denselben geblieben wäre. Aber daß Jesus und die Apostel entweder Betrüger gewesen, oder alles durch ihre bloße Frömmigkeit und Standhaftigkeit geschehen seyn sollte, ist höchst unwahrscheinlich. Jedoch zu noch entscheidendern Betrachtungen, daß die vier Evangelien keine erdichtete Geschichte seyn können! Daß es wenigstens höchst unwahrscheinlich ist, daß sie dergleichen seyn sollten.

§. 35.

Entweder Ein Betrüger müßte alle vier Evangelien gemacht, oder jedes derselben müßte einen besondern zum Urheber haben. Das eine und das andre ist unwahrscheinlich. Zuvörderst daß Ein Betrüger den Roman viermal gemacht, und die Kirche ihn auch alle

viermal

viermal von ihm angenommen haben sollte. Ich dächte, daß sein Zweck nie mehr als eine einzige Geschichterzählung erfordert, er auch nicht die geringste Wahrscheinlichkeit, dergleichen viere von einerlei Inhalte in die Kirche zu bringen, vor sich gesehen haben könnte. Und hiernächst, daß vier Leute auf den Einfall gekommen seyn sollten. Um einander in ihren Romanen nicht zu widersprechen, müßten sie entweder die Sache, mit einander verabredet, oder einer den andern zum Grunde gelegt haben. So was wäre wohl an sich nicht unmöglich; aber glaublich ist es nicht, daß dergleichen jemals geschehen seyn sollte. Wozu könnten sie denn nöthig oder nur nützlich befunden haben, einerlei Lügen viermal zu schreiben?

§. 36.

Und wirklich müßten es vier von einander verschiedne Betrüger gewesen seyn. Das Evangelium Matthäi hat augenscheinlich einen andern Urheber, als das Evangelium Johannis. Da ist nicht nur eine ganz andere Wahl der Sachen, sondern auch eine ganz andere Art zu erzählen und sich auszudrücken. Und woher denn die häufigen Scheinwidersprüche in den Evangelisten, wenn es nur Einer war? Matthäus liefert ein ganz ander Geschlechtsregister von Christo als Lukas. Nach dem Matthäus kam der Hauptmann zu Capernaum selbst zu Christo, und bat ihn um die Heilung seines Knechts; nach dem Lukas ließ er ihn von den Aeltesten

der

der bottigen Juden darum ersuchen *) Nach dem Matthäus heilte Christus zween Blinden bei dem Herausgehen von Jericho; nach dem Lukas war es nur Ein Blinder der ihn vor der Stadt und bei dem Hineingehen um diese Wohlthat ersuchte **). Aber es ist noch unwahrscheinlicher, daß sich vier Betrüger entweder zu gleicher Zeit, oder nach einander veranlaßt befunden haben sollten, der Kirche einen Roman von ihrem Stifter aufzubinden, und daß die Kirche auch solchen von allen vier Betrügern mit Glauben und Ehrerbietung angenommen, als daß Ein Betrüger dergleichen unter vier berühmten Namen untergeschoben haben sollte: und immer unwahrscheinlich, daß wenn dies der wahre Ursprung der Evangelien seyn sollte, ihre Urheber dergestalt in den Lebensumständen ihres Helden übereingestimmt haben würden, und keiner derselben etwas darin zu verbessern oder zu verschönern sich versucht befunden haben sollte.

§. 37.

Es kann uns gleichgültig seyn, welches von beiden am unwahrscheinlichsten ist. Es ist genug, daß sowol das eine als das andere schlechterdings unwahrscheinlich ist. Und wenn denn nun ein Betrüger die vier Evangelien gemacht, oder mit einem derselben mehreren zu ähnlichen Romanen den Weg gebahnt hätte: wie kam denn die Kirche dazu, dieselben als wahre Geschichtbücher von dem Stifter ihrer Religion anzunehmen oder aufzubehalten?

*) Matth. 8, 5. verglichen mit Luk. 7, 3.
**) Matth. 20, 30. verglichen mit Luk. 18, 35.

zubehalten? Entweder sie enthielten nichts, als was die Kirche bereits von dem Urheber ihres Glaubens geglaubt hatte: oder sie stellten die Sache auf eine neue oder ganz andre Weise vor, als sie bisher in der Kirche vorgestellt worden war. War das erstere: so fragen wir billig, wie die Kirche von Anfange her so etwas von ihrem Stifter glauben und unter sich fortpflanzen konnte, wenn es gar keinen Grund hatte. Wie sollte sie vom Anfange her eine Menge von erlogenen Begebenheiten oder Thaten ihres Stifters geglaubt haben, von welchen sie wissen konnte, daß sie erlogen waren? War aber das andere: was konnte sie denn bewegen, ihre bisherige Ueberlieferungen von Christo zu verlassen, und diesen neuen davon ganz verschiedenen Beifall zu geben? Was konnte sie bewegen? Nachrichten, die das Ansehen des Alterthums für sich hatten, neuen, die nichts für sich hatten, aufzuopfern?

§. 38.

Es ist höchst wahrscheinlich, daß die Kirche von Anfange her eine Geschichte Christi und selbst eine geschriebene Geschichte desselben unter sich gehabt hat. Das Christenthum beruhet ganz auf den Begebenheiten oder Thaten Jesu Christi. Wenn daher die Stifter desselben die Erhaltung und Fortpflanzung desselben in der Welt wollten; so mußten sie auch die Fortpflanzung richtiger Nachrichten von den Begebenheiten und Thaten Jesu Christi wollen. Also wird höchst wahrscheinlich, daß

daß einer oder der andere von den Stiftern des Christenthums etwas davon aufgeschrieben hat. Und wenn es nicht von einem oder dem andern derselben geschehen war; so wird sich gewiß zeitig doch irgend ein anderer für das Christenthum Wohlgesinneter in der Kirche gefunden haben, der dem Untergange solcher Nachrichten, oder der bei blos mündlicher Ueberlieferung derselben unvermeidlichen Verfälschung derselben durch etwas schriftliches darüber vorzubeugen suchte. Wenn nun aber entweder von den Stiftern des Christenthums selbst, oder sonst zeitig von Jemanden die Geschichte Jesu Christi geschrieben worden war; wie konnte denn jemand in spätern Zeiten ein erdichtetes Werk an die Stelle derselben setzen, und die Kirche bewegen, diese ältere bisher in ihr aufbehaltene Geschichte mit der seinigen zu verwechseln? Oder sollte wohl jene ältere Geschichte ganz oder überall verloren gegangen seyn?

§. 39.

Es ist schlechterdings nicht abzusehen, wie diese Geschichtbücher denjenigen Beyfall unter den Christen in der Welt überall hätten erhalten können, welchen sie wirklich unter denselben überall in der Welt erhalten haben, wenn nicht der Innhalt wenigstens gerade eben das mittheilte, was die Christen überall bisher aus einer Ueberlieferung unter sich geglaubt hatten. Also aber hätten wir uns den Ursprung derselben so vorzustellen, daß man endlich die bisherigen mündlichen Ueberlieferungen

gen von Christo in Schriften verfasset hätte. Und diese Ueberlieferungen müßten immer sehr alt seyn, und bis aus den ersten Zeiten des Christenthums herrühren, weil sie unter den Christen überall in der Welt einförmig waren, und daher auch überall Beifall fanden. Wären dergleichen erst nach und nach in der Kirche entstanden: so würden solche nicht einförmig geworden seyn, sondern man würde hier dis und anderswo jenes von Christo geglaubt und erzählet haben.

Anmerkung. Um diese Betrachtung zu verstehen, muß man wissen, daß die vier Evangelien von den Christen überall in der Welt als eine wahre Geschichte von Christo von je her angesehen und angenommen worden sind. Es hat blos ehedem einige kleine Haufen derselben gegeben, welche das eine oder das andere derselben nicht angenommen, und sich darüber von der ganzen übrigen Kirche abgesondert haben.

§. 40.

Es wird aber, wenn wir den Inhalt wohl betrachten, höchst unwahrscheinlich, daß sich derselbe bis zu den Verfassern eine lange Zeit hindurch in blos mündlichen Ueberlieferungen erhalten haben sollte: Sollten die darin aufgezeichneten Begebenheiten oder Thaten Jesu Christi so lange blos mündlich fortgepflanzt, und also nach und nach ausgeschmückt und mit allerlei erdichteten Wundern bereichert worden seyn; so müßten wir in Ansehung der darin aufgezeichneten Reden Christi ein gleiches annehmen: denn solche stehen mit den von ihm erzählten

Begebenheiten und Wundern in einem solchen Zusammenhange, daß wer das eine erzählt oder erdichtet hat, auch das andre erzählt oder erdichtet haben muß. Fast durchgängig waren seine Wunder mit Reden, und seine Reden mit Wundern verknüpft. Es ist aber gar nicht abzusehen, wie diese Reden Christi sollten durch blos mündliche Ueberlieferung in der Kirche erhalten, oder nach und nach erfunden und verbreitet worden seyn. Also müßten wir wenigstens annehmen, daß diese betrüglichen Nachrichten zeitig und bald im Anfange der Kirche aus Wahrheit und Lügen zusammengewebet, und entweder von den Stiftern des Christenthums selbst, oder unter ihrem Namen der Kirche als wahre Geschichte Jesu Christi aufgebunden worden wären.

§. 41.

Es verhalte sich mit dem Ursprunge dieser Geschichtbücher, wie es wolle; so verschwindet alle Wahrscheinlichkeit daß sie keine wahre sondern erdichtete Geschicht enthalten sollten. Entweder sie enthalten bisherige Ueberlieferungen, die von den ersten Zeiten her unter den Christen mündlich fortgepflanzt und geglaubt worden waren; oder sie sind gleich im Anfange der Kirche geschrieben, und von derselben als wahre Geschichtbücher angenommen worden. In beiden Fällen wird der Inhalt vollkommen glaubwürdig. Wie könnten diese Ueberlieferungen von den Zeiten her entstanden seyn, da man überall wußte, oder doch wissen konnte, daß sie falsch waren?

waren? Oder wie konnte ein Roman von Christo [also bald in der Zeit geschrieben, und der Kirche für eine wahre Geschichte aufgebunden werden, da man überall mußte, oder doch wissen konnte, daß es ein Roman war?

§. 42.

Wir eignen diesen Betrachtungen noch keine die Wahrheit der evangelischen Geschichte wirklich entscheidende und erweisende Kraft zu. Wir erklären es mit derselben blos für höchst unwahrscheinlich, daß solche keine wahre sondern erdichtete Geschichte seyn sollte. Und das ergiebet sich auch aus derselben augenscheinlich. Lasset sie uns noch einmal noch übersehen, und zu dem Ende zusammen fassen! Die Kirche, und das ist der Haufe von Menschen in der Welt, welche die Lehre von Christo für eine göttliche Lehre halten, muß schlechterdings so etwas von Anfange her von ihrem Stifter geglaubt haben. Denn wie wäre sie sonst dazu gekommen, ihn als einen göttlichen Religionslehrer und Vermittler der Seeligkeit der Menschen zu erkennen und zu verehren? Es wäre auch unbegreiflich, wie diese Geschichtbücher einen solchen allgemeinen Beifall erhalten haben sollten, wenn der Inhalt nicht mit demjenigen vollkommen übereingestimmt hätte, was man bisher überall von demselben geglaubt hatte. Fast können wir es für unmöglich erklären, daß jemand erst eine geraume Zeit nachher diese Geschichte von ihm erdichtet, und die Kirche solche mit ihren bisherigen Nachrichten von demselben

hen verwechselt habe. Denn sollten wohl alle ursprüng̈-
liche Nachrichten von Christo verloren gegangen seyn?
Also entweder bestehen diese Geschichtbücher aus lauter
alten bis dahin in der Kirche mündlich fortgepflanz-
ten Ueberlieferungen von Christo: oder sie sind bald
im Anfange der Kirche zum Unterricht derselben von
den Begebenheiten und Thaten ihres Stifters geschrieben worden. Wir mögen das eine oder das
andere annehmen; so ist höchst unwahrscheinlich, daß
es erdichtete Geschichte seyn sollten. Denn sie mögen
nun vom Anfange her blos mündlich in der Kirche
fortgepflanzt und geglaubt oder geschrieben worden seyn;
so ist der Beyfall, mit welchem sie überall angenommen worden sind, unerklärlich, wenn es nicht erkannte wahre Geschichte waren.

§. 43.

Noch ein Umstand vergrößert die Unwahrscheinlichkeit, daß sie dergleichen nicht seyn sollten. Die
ganze hier entworfne Lebensgeschichte Christi paßt sich
aufs vollkommenste zur Bestimmung desselben entweder zu einem göttlichen Religionslehrer, oder zu einem
Vermittler der Seligkeit der Menschen, oder zu beiden zugleich. Dis soll im folgenden ausgeführt werden. Nun verschwindet alle Wahrscheinlichkeit, daß
man in der Kirche nach und nach eine Geschichte von
Christo erfunden und erdichtet haben sollte, welche sich
so durch und durch zur Bestimmung desselben paßte,

und

und daß man gar nichts derselben auch zuwiderlaufendes, eingemischt haben sollte. Die Geschichte muß, wenn sie ein Roman ist, das Werk eines ganz ungewöhnlich großen Genies seyn, welches die Kunst verstand, alles zum Zweck so zusammenstimmend einzurichten. Der Betrüger müßte die Kunst zu betrügen, die Kunst, nicht nur den Character und die Handlungen, sondern auch die gesammten Begebenheiten seines Helden durchgängig so einzurichten, daß nicht das geringste zu seinem Zwecke unnützes oder demselben nachtheiliges eingemischt würde, in einem solchen Grade verstanden haben, daß die Unwahrscheinlichkeit an die Unmöglichkeit gränzet, daß diese Geschichte ein Werk des Betruges seyn sollte.

Das dritte Hauptstück.

Die Wahrheit der evangelischen Geschichte.

§. 44.

Hat Jesus Christus, der Stifter des Christenthums, wirklich geredet und gethan, was die Evangelisten von ihm erzählen? wirklich eine ihm von Gott geoffenbarte Lehre zu haben behauptet, und zum Beweise dessen Wunder gethan oder nicht? und ist also die von
ihm

ihm vorhandene Geschichte Wahrheit oder Erdichtung, Geschichte oder Fabel? An dieser Untersuchung hängt die ganze vorhabende Ueberzeugung. Also lasset uns bei derselben aufs gewissenhafteste verfahren. Wir sind Gott und der Wahrheit schuldig, so wohl alle Uebereilung auf der einen Seite zu vermeiden, und nicht Menschenlehren für göttliche Wahrheiten anzunehmen, als auf der andern Seite eine Lehre mit Gehorsam und Glauben aufzunehmen, welche Gott als eine von ihm herrührende Lehre durch eine Menge von Wundern bestätiget hat. Aber wenn sind wir ganz unfehlbahr nicht nur außer der Gefahr, unsern Beifall gegen die Geschichte Jesu zu übereilen, sondern auch wirklich verpflichtet, dieselbe als eine wahre Geschichte mit Beifall und Glauben aufzunehmen? Sollte nicht der geringste wahre Grund vorhanden seyn, sie für eine erdichtete Geschichte zu halten, und dagegen in derselben alles dafür reden, daß es eine wahre Geschichte sey; oder mit andern Worten, hat sie alles, was nur eine wahre Geschichte haben kann, und ist dagegen nicht das geringste Merkmahl des Betruges wahrzunehmen: so würde es unverantwortlich seyn, wenn wir uns gleichwohl weigern wollten, sie für eine wahre Geschichte zu erkennen. Und wenn es nicht schlechterdings an Bedenklichkeiten fehlte, welche die Sache zweifelhaft machten; so würde sie uns doch nicht zweifelhaft bleiben können, wenn nur die Gründe für das Gegentheil überwiegend wären. Und wenn es nicht an Umständen

ständen fehlte, nach welchen sie falsch seyn könnte; so handelten wir doch gegen die Regeln, nach welchen wir in ähnlichen Fällen zu handeln haben, wenn wir solche bei mehrern und stärkern Gründen, daß sie nicht falsch seyn könne, für falsch erklären wollten. Aber wenn solches ganz ohne den geringsten hinreichenden Grund dazu geschähe; wer wären wir denn, und wie handelten wir denn? Und das soll nun in diesem Hauptstücke erwiesen werden. Erstlich, daß nicht der geringste taugliche Grund vorhanden ist, die Wahrheit der evangelischen Geschichte in Zweifel zu ziehen; und zweitens, daß solche dagegen alles hat, was eine wahre Geschichte haben kann, daß sie alle nur mögliche Merkmale eines wahren Geschichte hat.

Der erste Beweis.

§. 45.

Das erste sich uns darstellende Urtheil kann unmöglich seyn, daß die evangelische Geschichte keine wahre Geschichte seyn sollte. Denn wie sollten wir dazu kommen, eine Geschichte sogleich für falsch und erdichtet zu halten, auf deren Glauben eine ganze Kirche in der Welt erbauet ist, welche unzählige Menschen von je her für eine wahre Geschichte gehalten haben, und noch, wo nicht alle, doch die meisten Menschen um und neben uns, und unter denselben so viel kluge und der Sache kundige Leute für eine wahre Geschichte halten? Warlich es müßten ausnehmend starke sogleich in die Augen fallen-

de

de Beweisthümer der Erdichtung seyn, wenn das unser erster Gedanke von einer Geschichte seyn sollte, auf deren Glauben noch einmal eine ganze Kirche in der Welt erbaut ist. Und so lasset uns zuerst besehen, was und ob was vorhanden ist, das uns bewegen müßte von der Sache anders zu urtheilen: den ersten Eindruck, welchen der allgemeine Beifall gegen diese Geschichte in uns hervorbringen muß, für ein Vorurtheil zu halten. Lasset uns erst zweifeln, und hernach uns überzeugen. Alles vereinigt sich auf vier Punkte. Erstlich, daß es doch möglich ist, daß die Geschichte erdichtet sey. Zweitens daß sie sogar wunderbar und unglaublich ist. Drittens daß die Evangelisten in derselben einander häufig widersprechen: und viertens, daß nicht alles in dem Christo zugeeigneten Charakter und Verhalten zu rechtfertigen ist. Mehr oder andres hat auch der gelehrteste Unglaube bisher nicht vorzubringen gewußt.

Anmerkung. Da wir uns in dem vorhabenden Beweise für die Wahrheit dieser Geschichte blos an die Geschichte selbst oder die innern in derselben selbst enthaltnen Merkmale der Wahrheit zu halten gesonnen sind; so haben wir uns auch auf keine andere Zweifel dagegen einzulassen, als die aus der Geschichte selbst hergenommen werden können. Und wir können solches um so mehr thun, da es gar keine gegenseitige Berichte und also gar keine äußere Zweifelsgründe dagegen giebt.

§. 46.

Das erste ist, daß doch die Erdichtung möglich, auch selbst mehr als Eine Art, wie solche unter den Christen

sten entstanden seyn, und Glauben gefunden haben kann, möglich ist. Giebt es nicht eine Menge von erweißlichen falschen Nachrichten, welche für wahr gehalten werden? Und war nicht das menschliche Gemüth von je her geneigt, Dinge und Geschichte desto eher zu glauben, je wunderbarer und mithin unglaublicher sie waren? Dieser Zweifel ist nicht von der geringsten Bedeutung. Wenn das ein hinreichender Grund seyn sollte, die evangel. Geschichte für erdichtet zu halten, daß sie erdichtet seyn kann; so ist es um alle Geschichte in der Welt gethan. Denn von allem, was in der Welt geschehen seyn, oder noch geschehen soll, wäre das Gegentheil auch möglich. So bliebe uns denn gar nichts zu glauben übrig, als was wir selbst empfinden oder empfunden hätten. Aber wir erklären es überdem für unmöglich, daß diese Geschichte erdichtet seyn sollte. Etwas davon muß schlechterdings wahr seyn. Es muß ein Jesus gelebt; er muß eine gewisse Lehre vorgetragen, und darzu eine göttliche Vollmacht zu haben versichert; und etwas zum Beweise seiner Versicherung gethan haben. Denn da ist doch das Christenthum wahrhaftig in der Welt, welches ohnedem nicht in die Welt gekommen seyn kann. Es ist unmöglich, daß die Geschichte von ihm noch und durch erdichtet seyn sollte. Weiter ausgeschmückt und mit Fabeln bereichert könnte sie seyn. Aber denn wäre doch unerklärlich, wie das alles überall von je her von ihm geglaubt worden seyn sollte, und von Anfange her geglaubt worden seyn sollte, wenn durchaus niemand von der Wahrheit gewiß war.

An

Anmerkung. Man erwåge hierbei, daß fast såmtliche von Christo erzählte Begebenheiten und Thaten, öffentliche Begebenheiten und Thaten waren, deren Wahrheit oder Falschheit mithin von vielen Leuten doch im Anfange beurtheilt werden konnte. Daher wird es wirklich unmöglich, daß solche von Anfange her allgemeinen Glauben gefunden haben sollten, wenn sie falsch waren. Und sie müssen doch von Anfange her geglaubt worden seyn, weil sie von den Christen überall in der Welt geglaubt werden. Man muß åuserst leichtglåubig seyn, um es für möglich zu halten, daß die Christen von je her überall so leichtglåubig seyn können, Dinge von ihrem Stifter zu glauben, die sie durchaus keinen Grund zu glauben hatten.

§. 47.

Aber es ist doch eine so gar wunderbare und daher höchst unglaubliche Geschichte. Wunderbar war seine Geburt, wunderbar seine Erhaltung. Wunder sein ganzes Lehramt hindurch: und fast jeder Tag in demselben mit Wundern bezeichnet. Wunder bei seinem Tode: und neue Wunder nach demselben, Wunder bei seiner Auferstehung und Wunder bei seiner Himmelfahrt. Worzu diese Menge von Wundern, da das eine oder das andre hinlänglich war? Und wozu eine solche Verschwendung von Wundern zur Gründung der Kirche, und kein einziges weiter zur Erhaltung derselben in der Welt? Es giebt beinahe keinen Stifter von einer gottesdienstlichen oder bürgerlichen Gesellschaft in der Welt, von welchem nicht åhnliche Dinge erzählt werden. Das wäre das zweite, was sich uns in den Weg stellen könnte.

Anmerkung. Es ist, ehe wir ein Wort über die Absicht und Glaubwürdigkeit aller dieser Wunder erkennen, sogleich ein besonders auffallender Umstand, daß man damals, da Christus mit seinen Wundern hervortrat, seit mehreren Jahrhunderten keine Wunder mehr unter den Juden hatte oder glaubte. Woher denn nun der Einfall der Apostel und Evangelisten, die Geschichte eines Wunderthäters zu machen, und solche so wunderbar und wundervoll zu machen, als weder vor noch nachher irgend Jemandes Geschichte gemacht worden ist? In dem Glauben ihrer Zeiten und ihres Volkes zu ihren Zeiten fanden sie offenbar darzu keine Veranlassung.

§. 48.

Aber die Wahrheit der evangelischen Geschichte verdächtig zu machen so unzureichend, wie das erstere. Zuvörderst würde der Schluß von der Falschheit ähnlicher von andern berühmten Stiftern bürgerlicher oder gottesdienstlicher Gesellschaften geglaubter Wunder von derselben Stärke seyn, als wenn Jemand schliessen wollte, daß es gar keine wahre Freunde gäbe, weil es so viel falsche giebt: gar keine wahrhaftig fromme Leute, weil es Heuchler giebt. Höchstens ist damit die Möglichkeit zu erhärten, daß allerlei erdichtete Nachrichten von Christo, Glauben gefunden haben können. Wer wird aber von der Möglichkeit auf die Wirklichkeit schliessen? Hiernächst haben wir bereits im Vorigen angemerkt, und es soll im Folgenden ausführlicher gezeigt werden, daß alle diese Wunder und so viele derselben zum Zwecke Christi und zum Zwecke Gottes mit demselben nothwendig gewesen sind. Also würde die Geschichte Christi eben alsdenn eine unglaubliche Geschichte werden, wenn wir von Christo nach derselben etwas glauben, und als eine Bestimmung von ihm glauben sollten, zu welcher alle diese Wunder nothwendig gewesen, und doch nicht vorgegangen seyn sollten. Und der Mangel ähnlicher Begebenheiten in unsern Tagen würde uns alsdenn nur berechtigen, auch an der Wirklichkeit derselben bei der Stiftung der Kirche zu zweifeln, wenn die Nothwendigkeit derselben die vorige wäre: wenn nicht, wie bereits erinnert worden ist, eine glaubwürdige Nachricht von den ehemaligen zur Bestätigung des Christenthums geschehenen Wunder so beweisend wäre, als die Fortdauer derselben. Lasset uns aufrichtig bekennen, daß der Anstoß an den vielen Wundern in der Geschichte Christi gar nicht daher rührt, daß es nicht lauter mögliche und in ihrem Zusammenhange recht sehr mögliche und Gott anständige Begebenheiten seyn sollten. Lasset uns bekennen, daß der ganze Anstoß aus dem Mangel ähnlicher Geschichte in unsern Tagen erwächst. Nach denselben müssen wir Christum für eine ganz ausserordentliche Person, und sein Leben für ein ganz ausserordentliches Leben erkennen. Aber das hat er auch seyn, und das hat auch sein Leben seyn sollen: der einzige in seiner Art, und das einzige in seiner Art. Also giebt das nicht den geringsten tüchtigen Grund, an der Wahrheit desselbigen zu zweifeln, daß es durch und durch ausserordentlich war. Es würde dergleichen nur geben, wenn keine ausserordentliche Person jemals möglich, und die Veranstal-

Die Wahrheit der evangelischen Geschichte.

anstaltung derselben durchaus nie Gott anständig gewesen wäre.

Anmerkung. Auch ist unerweislich, daß von irgend einem Stifter einer gottesdienstlichen oder bürgerlichen Gesellschaft gleiche oder ganz ähnliche Dinge erzählt würden, oder jemals erzählt und geglaubt wären.

§. 49.

Auch dieses giebt zum dritten keinen, daß die Evangelisten nicht allen ganz übereinstimmig erzählen. Freilich hat Matthäus eine ganz andere Geschlechtstafel von Christo als Lukas. Und es fehlt nicht an andern häufigen Widersprüchen, deren wir bereits gedacht haben. Nach dem Matthäus kannte Johannes Jesum, ehe er ihn taufte; nach dem Johannes aber erkannte er ihn daran, als der Geist Gottes bei der Taufe auf ihn herabfuhr. Nach dem Matthäus und Lukas sollten die Jünger auf ihrer apostolischen Reise keinen Stab bei sich haben; nach dem Markus ward ihnen dergleichen erlaubt. Nach dem Matthäus frugen die Sadducäer Christum, ob es recht sey am Sabbath zu heilen; nach dem Lukas frug Christus sie. Nach dem Matthäus bat die Mutter der Söhne Zebedäi; nach dem Markus baten sie beide selbst Christum um die vornehmste Stelle in seinem Reiche. Nach dem Matthäus heilte Christus zwei Blinde bei der Wegreise von Jericho; nach dem Markus Einen beim Wegreisen, und nach dem Lukas Einen als er sich Jericho näherte. Nach dem Matthäus spotteten beide Mitgekreuzigte seiner; nach dem Lukas

Lukas geschahe es nur von Einem derselben. Wie sollten diese und ähnliche Widersprüche in eine wahre Geschichte, und in die Berichte von Leuten gekommen seyn, welche, was sie berichteten, selbst gesehen und gehört, oder doch von Augenzeugen empfangen zu haben behaupten? Sie konnten doch nur eins und das andere gesehen und gehört, und Jesus das eine und das andere gethan und gesprochen haben. Also können ihre einander widersprechende Erzählungen doch nicht sämtlich wahr seyn. Und wo bleibt denn ihre Glaubwürdigkeit? Wer steht uns dafür, daß ihre übrige Nachrichten nicht eben so unzuverläßig sind, als diejenigen, in welchen sie einander widersprechen? Entsteht nicht der stärkste Verdacht, daß ein jeder nach seinem Belieben etwas bald hinzugesetzt, bald weggelassen, bald verändert hat?

§. 50.

Dieser Anstoß ist doch nur gar zu unerheblich. Augenscheinlich stimmen die sämtlichen Evangelisten in allen von Christo erzählten Begebenheiten an sich überein. Nicht war er etwa nach dem einen auf die gewöhnliche Weise; und nach dem andern wunderthätig empfangen. Nicht that er nach dem einen Wunder; und nach dem andern keine. Nicht ist er nach dem einen auferstanden; und nach dem andern im Grabe geblieben: nach dem einen gen Himmel gefahren, und nach dem andern blos verschwunden. Die ganze Abweichung betrift blos die Umstände einer oder der andern Begebenheit, und die Worte, mit welchen Christus dieses oder

jenes

Die Wahrheit der evangelischen Geschichte.

jenes vorgetragen haben soll. Und kann denn nicht dem einen ein Umstand genauer bekant oder erinnerlicher gewesen seyn als dem andern? Und da sie nicht die Reden Christi von Wort zu Wort liefern, der eine den Sinn mit diesen und der andere mit andern Worten ausgedruckt haben? Wo sie auch von einander abweichen, da haben wir doch überall dieselbe Begebenheit und dieselbe Rede Christi. Und alle diese Widersprüche sind wohl zu heben, und werden von den Auslegern wirklich gehoben. Matthäus hat eine andere Geschlechtstafel als Lukas; aber der erstere hat die Geschlechtstafel Josephs des Pflegevaters, und der andere der Maria der Mutter Christi. Nach dem Matthäus bat der Hauptmann zu Capernaum Christum um die Heilung seines Knechts; nach dem Lukas ließ er ihn durch die Aeltesten der dortigen Juden darum bitten. Aber bittet nicht derjenige um eine Wohlthat, der um dieselben bitten läßt? Oder kann nicht Christus einen Blinden bei der Ankunft vor Jericho, und zween Blinden bei der Wegreise geheilt, und Markus der nicht zugegen gewesen, nur von einem gehört haben?

§. 51.

Ja es fehlt so viel, daß diese in den Berichten der Evangelisten vorhandene Scheinwidersprüche die Glaubwürdigkeit derselben verdächtig machten, daß solche vielmehr eben dadurch vergrössert wird. Sie erweisen augenscheinlich, daß die Evangelisten einander nicht ausgeschrieben oder die Sache mit einander verabredet haben: daß es wirklich mehrere von einander verschiedene

Zeugen sind, die uns im Grunde doch durchgängig einerlei bezeugen. Entweder sie waren Augenzeugen; oder hatten doch ihre Nachrichten von Augenzeugen: stimmen denn jemals die Berichte mehrerer Leute, die einerlei von ihnen gesehene oder gehörte Dinge berichten, ganz pünktlich in allen Umständen und Ausdrücken überein? Und entsteht nicht vielmehr ein Verdacht, daß sie die Sache mit einander verabredet haben, wenn sie ganz pünktlich übereinstimmen? Und keiner etwas hinzusetzt oder wegläßt, das der andre hat oder nicht hat? Oder sie schrieben nur endlich, was bisher unter den Christen mündlich von Christo gesagt und fortgepflanzt worden war: wie ging es denn zu, daß sie doch ohne einander abzuschreiben, im Grunde dasselbe schreiben? Wie war man denn eines geworden, überall dieselbe Begebenheit und dieselbe Rede von Christo zu erzählen, und fortzupflanzen, und blos hie und da in einem Umstande oder Ausdrucke von einander abzuweichen?

>Anmerkung. Bei keiner andern Geschichte in der Welt zieht man um deswillen eine Begebenheit in Zweifel, weil nicht alle davon vorhandene Berichte durchgängig übereinstimmen. Man schließt vielmehr daraus auf eine Verschiedenheit und Mannigfaltigkeit der Quellen, aus welchen die Urheber der abweichenden Berichte ihre Nachrichten geschöpft haben müssen, und daher auf eine desto grössere Glaubwürdigkeit derselben.

§. 52.

Was ist noch übrig, das uns bestimmen könnte, unser Urtheil über die Wahrheit der evangelischen Geschichte

Die Wahrheit der evangelischen Geschichte. 55

schichte noch aufzuschieben? In dem Charakter und Verhalten Christi, wie solches in derselben vorgestellt wird, scheinet nicht alles gehörig zu harmoniren, und dem Zwecke seiner Person und Sendung gemäß zu seyn. War das Weisheit, daß er sich die Gottesgelehrten und die Vorsteher seines Volks durch seine wider sie gehaltene Strafreden zu Feinden machte? Und war das Sanftmuth und Menschenliebe, mit welcher er sich mehrmals dem Zorne überließ, den Feigenbaum verfluchte, und die Käufer und Verkäufer aus dem Tempel trieb? Und war das Gütigkeit und Menschenliebe, was er in der Gegend von Gadara und Gergasa that. Könnte es wohl in den Handlungen und mithin in dem Leben Christi diese und andere ähnliche seinem Zwecke widersprechende Beschaffenheiten und Handlungen geben, wenn das Leben Christi unter der besondersten Aufsicht Gottes gestanden hätte? Und verrathen diese dem ihm zugeeigneten Zwecke und Charakter so gar unanständige Beschaffenheiten und Handlungen nicht augenscheinlich den Betrüger, der nicht Kunst genug besaß, um alles dem ihm angedichteten Zwecke und Charakter gewiß einzurichten?

§. 53.

Allerdings könnte die Geschichte Christi wenigstens nicht durch und durch wahr und zuverläßig seyn, wenn uns dieselbe Handlungen oder Begebenheiten von ihm zu glauben vorlegte, welche sich nicht zu der ihm zugeeigneten Bestimmung paßten. Eine mit Gott auf das innigste vereinigte Person konnte so wenig jemals wider die Regel der Weisheit und Vorsichtigkeit, als wider die Gebote der Tugend und Menschenliebe verstoßen. Aber wenn Christus auf Kosten der Wahrheit und Tugend die Freundschaft der Geistlichkeit unter seinem Volke zu erhalten bemühet gewesen wäre: wäre denn das Weisheit und nicht vielmehr Menschenfurcht und Menschengefälligkeit gewesen? Er mochte nun keinen weitern Zweck haben, als die Religion und Sittenlehre bei seinem Volke zu verbessern; oder es war sein Endzweck, von demselben für den verheissenen Meßias erkannt zu werden: so mußte er schlechterdings die Vorurtheile für die damaligen Schriftgelehrten bestreiten. Und nicht eher bestritte er dieselben freimüthig und öffentlich, als nachdem er vergebliche Versuche gemacht hatte, die Priester und Schriftgelehrten von seiner göttlichen Sendung zu überzeugen, und durch Ueberzeugung derselben die Gewinnung des übrigen Volks zu erleichtern. Der Anfang seines Lehramts wurde in Judäa und Jerusalem gemacht: und der einzige Nikodemus kam ins geheim zu ihm, und bekannte, daß er überzeugt sey. Also konnte er bei der Verhärtung der Schriftgelehrten gegen seine Wunder in der Folge nicht anders handeln, als er wirklich handelte. Er mußte dem Volke die Unwissenheit und Scheinheiligkeit derselben aufdecken, und standhaft alle ihm darüber betreffende Widerwärtigkeiten übernehmen; oder den Plan, sich eine Kirche unter demselben zu sammeln, völlig aufgeben.

§. 54.

Die Wahrheit der evangelischen Geschichte. 57

§. 54.

Und der Unwille, den er bei verschiednen Gelegenheiten äusserte, war er denn niemals ein gerechter, einem Sohne und Gesandten Gottes vollkommen zustehender Unwille? Oder der Eifer, mit welchem er nur wenig mal eine selbst nach dem Urtheil der Juden einem jeden Propheten oder göttlichen Gesandten zustehende Vollmacht übte, kein gerechter Eifer? Er hätte eine ihm mögliche thätige Bekanntmachung seines prophetischen und meßianischen Amtes wirklich unterlassen, wenn er alle Uebung der ihm daher wirklich zustehenden Vollmachten unterlassen hätte. Und wo ist denn ein Gebot der Sanftmuth und Menschenliebe, mit welchem kein gerechter Eifer gegen das Böse, und keine lebhafte Bestrafung strafbarer Unwissenheit oder Handlungen bestehen könnte? Aber woher der Zorn über den Feigenbaum, und die Ungerechtigkeit gegen die Eigenthümer der Heerde Säue? Wie viel wäre doch auf das eine und das andre zu sagen! Die Verfluchung des Feigenbaums war doch nichts weiter, als ein von Christo ausgesprochener Befehl, daß er von Stund an vertrocknen sollte: ein so gar lehrreicher Befehl: so gar brauchbar, seinen Jüngern seine Herrschaft über die Natur, oder wenigstens seine genauste Vereinigung mit dem Herrn der Natur und viel andre nützliche Wahrheiten einzudrücken: Und wenn das nicht ohne Zorn, einem Weisen unanständigen Zorn möglich war: wie vertrocknen denn auf den Befehl Gottes in der Natur täglich Bäume? Diese

D 5 Frage

Frage hebt zugleich allen Anstoß wegen des über die Einwohner von Gadara und Gergasa verhangenen Verlustes an ihrem Eigenthum. Wir können durchaus nicht die Tugenden des Sohnes Gottes ganz nach den Regeln für den gemeinen Menschen abmessen. Gott verhängt täglich Verluste an dem Eigenthume der Menschen. Sollte sein Sohn nicht ähnliche Rechte gehabt haben? Und konnten nicht die dortigen Einwohner diese vielleicht noch überdem geringe Strafe wohl verschuldet haben?

§. 55.

Es fehlt so viel, daß die nahmhaft gemachten Dinge, welche doch wirklich alles sind, was der Glaubwürdigkeit der evangelischen Geschichte entgegengestellt werden kann, einigen auch nur scheinbaren Grund wider die Wahrheit und Glaubwürdigkeit derselben, darreichen sollten, daß sie vielmehr die historische Wahrheit und Glaubwürdigkeit derselben vergrössern. Lasset sie uns noch einmal übersehen. Es ist doch nicht unmöglich, daß sie falsch und erdichtet ist. Das ist nicht der geringste Grund, sie für wirklich erdichtet zu halten, und es ist schlechterdings unmöglich, daß sie durch und durch erdichtet seyn sollte (§. 46). Es ist doch eine so gar wunderbare und ausserordentliche Geschichte. Das soll und muß sie auch seyn, weil sie die Geschichte einer ganz ausserordentlichen Person seyn soll (§. 48). Aber die Evangelisten stimmen nicht in ihren Berichten mit einander überein. Das beweiset, daß jeder derselben

Die Wahrheit der evangelischen Geschichte. 59

ben seine eigne Quelle hatte: und wie würden sie doch über alle Begebenheiten an sich so einig seyn, wenn jeder derselben das Leben Jesu nach seinem Belieben gemacht hätte? (§. 49.) Und gerade was nicht den Regeln der Weisheit und Tugend ganz angemessen zu seyn scheint, die Christus, so wahr er der Sohn Gottes war, nie verletzt haben kann, das finden wir bei genauerer Untersuchung denselben recht angemessen. Die Geschichte einer von Gott ausserordentlich bevollmächtigten und regierten Person wäre zuverläßig eine falsche Geschichte derselben, wenn sie diese Person überall nach den Regeln eines gemeinen Menschen handelnd vorstellte, und von ihm gar keine Proben göttlicher Vollkommenheiten und Rechte erzählte.

§. 56.

Es ist augenscheinlich nichts vorhanden, das einigen gegründeten Zweifel gegen die Wahrheit der evangelischen Geschichte erregen könnte. Aber sollte es durchaus keine Spuren und Merkmale des Betrugs geben? Es sey nun, daß man in der Kirche nach und nach angefangen hätte, allerlei von dem Stifter der Kirche zu erzählen und zu glauben, das hierauf von den Verfassern der vier Evangelien, um es desto glaubwürdiger zu machen, unter dem Namen bekannter Gefährten Christi und seiner Apostel aufgeschrieben worden, oder daß solche selbst oder ein anderer, und mehrere andere, dergleichen bald anfänglich von ihm erdichtet und der Kirche überliefert haben: so ist nicht schwer zu finben, wie die Geschichte ganz anders geworden seyn würde, als sie wirklich ist. Wir wollen nachforschen. Es sey nun, daß die Geschichte nach und nach ersonnen und zusammengesetzt, oder von einigen Betrügern auf einmal gemacht worden sey; so muß doch solches zu einem gewissen Zwecke geschehen seyn: und es kann uns keine Mühe verursachen, denselben zu entdecken. Entweder es war den Urhebern gerade zu und blos darum zu thun, den Stifter des Christenthums als eine von Gott mit Wundern ausgerüstete und bestätigte Person vorzustellen; wie sich einer derselben darüber ausdrücklich erklärt, den Glauben hervorzubringen und zu erhalten; daß Jesus der Christ der Sohn Gottes war *). Oder es war der Zweck, einen göttlichen Ursprung der christlichen Religion zu behaupten: und also doch wieder den Stifter derselben als eine mit Gott aufs innigste vereinigte Person vorzustellen. Also war er immer dahin gerichtet, die Person Christi möglichst ehrwürdig zu machen. Wie würde nun diesem Zwecke gemäß die Geschichte von ihm unausbleiblich eingerichtet und abgefaßt worden seyn, wenn es eine dazu ersonnene Geschichte wäre?

Anmerkung. Es geht gar nicht an, daß man nach und nach dergleichen Erdichtungen von dem Stifter der christlichen Religion unter den Christen verbreitet, und endlich erst, was so nach und nach verbreitet und geglaubt worden

*) Joh. 20, 31.

worden war, in Schriften verfaßt haben sollte. Lukas behauptet seine Nachrichten sämmtlich von Augenzeugen erkundet zu haben, und der Verfasser des Evangelium Johannis selbst ein Augenzeuge gewesen zu seyn. Luk. 1, 2. 3. Joh. 1, 14. 19, 35. Also müssen entweder der Apostel selbst oder Gefährten derselben die Geschichte gemacht, oder gewisse Betrüger dieselbe unter ihren Namen untergeschoben und in die Kirche eingeführt haben.

§. 57.

Die Verfasser sind unstreitig Juden gewesen. Wer war sonst im Stande, sich dergestalt in die ganze Denkungsart der Juden zu versetzen, und eine so genaue Bekantschaft mit dem ganzen wahren und fälschen Lehrbegrif und Gottesdienst der Juden zu zeigen? Nun würden sie bereits um deswillen unausbleiblich Christum ganz anders abgebildet und ganz was anders aus ihm gemacht haben, wenn sie seine Geschichte nach Gutdünken gemacht hätten. Sie würden uns nicht einen in Armuth und Verachtung daher gegangenen Meßias zur Verehrung aufgestellt haben. Sie würden ihn von seiner Geburt an bis zu seiner Himmelfahrt mit so viel Glanze als möglich umgeben haben. Und jeder Betrüger würde nach dem Plane, die Geschichte eines Sohnes Gottes zu machen, dieselbe anders gemacht haben. Er würde den Contrast von einem in Armuth und Verachtung lebenden, von einem gekreuzigten Gottmenschen ohnfehlbar gefühlt und vermieden haben. Zuverläßig hätte er ihn Steine in Brod verwandeln und vom Kreuze herabsteigen lassen.

§. 58.

Das dritte Hauptstück.

§. 58.

An sich ist alles in dem Leben Jesu und in der Wahl der davon aufbehaltnen Geschichte zweckmäßig. Darüber wollen wir hernach weiter nachdenken. Aber in einem Romane würde die Wahl unausbleiblich anders ausgefallen seyn. Die meisten sonderlich in den ersten drei Evangelien von Christo gesammleten Reden würden ohnfehlbar weggeblieben seyn. Denn die meisten derselben sind eines moralischen Inhaltes, und daher nur auf eine sehr entfernte Weise und für scharfsinnige Leute zu hohen Begriffen von der Person Christi nützlich. Dagegen würden wir weit mehrere deutliche Belehrungen von derselben vorfinden. Johannes ist daran fruchtbarer; aber Johannis Evangelium ist auch keine eigentliche Lebensbeschreibung von Christo. Das christliche Alterthum berichtet, daß Johannes dasselbe gewissen über die Person Christi aufgekommnen Irrthümern entgegengestellt habe; und das bestätigt der Inhalt. Hienächst in einem Romane, dessen Verfasser keine andre Absicht hätte, als Christum möglichst groß und ehrwürdig zu machen, würde sich da nur der Verfasser auf eine bloße einfältige Erzählung von Thaten und Begebenheiten eingeschränkt, und das Urtheil dem Leser überlassen haben? Würde er die erzählten Dinge nirgends zu seinem Zwecke angewandt, nirgends ein Wort zur Bewunderung des Wunderthäters eingerückt, und nirgends ein deutlicher Bestreben, seine Erzählungen glaubhaft zu machen, verrathen haben? Und

mehrere

mehrere von einander wirklich verschiedene Verfasser, die einander nicht ausgeschrieben haben können, sollten alles so übereinstimmig gefaßt, und einander in keiner Christo zugeeigneten Rede oder Hauptbegebenheit widersprochen haben? Wir berührten hier nur blos kennbare Spuren der Erdichtung, welche nicht vermieden seyn würden, wenn es eine Erdichtung wäre. Und ich fodre einen jeden auf, auch nur Eine derselben vorzuzeigen. Nein, da ist nicht das geringste Merkmahl des Betruges: nicht der geringste wahrscheinliche Grund, daß es keine wahre Geschichte seyn dürfte. Wer dieselbe ohne Vorurtheil lieset, kann ohnfehlbar dem sich durchgängig andringenden Gedanken nicht widerstehen, daß er eine wahre Geschichte lese.

Der zweite Beweis.

§. 59.

Allein ohne weitern Verzug zu dem eigentlichen Beweise, daß es eine wahre Geschichte ist! Mit allen bisher angestellten Betrachtungen haben wir uns blos zu demselben vorbereitet. Und wenn wahre hinreichende Gründe vorhanden sind, die Geschichte Christi, wie sie in den Evangelien erzählt wird, für eine wahre Geschichte zu erkennen: so giebt es unausbleiblich keine Gründe zum Gegentheil. Giebt es einen wahren Beweis für das Christenthum: so giebt es ohnfehlbar keinen wider dasselbe; sondern jeder noch so scheinbarer Anstoß ist unausbleiblich ein ungegründeter Anstoß, selbst wenn
wie

wir ihn nicht zu heben fähig seyn sollten. Es giebt sehr scheinbare Einwürfe wider die Wirklichkeit eines allweisen und allgütigen Urhebers der Welt. Aber nach den klaren Beweisthümern, daß die Welt einen solchen Urheber haben muß, sind alle Einwürfe dagegen unausbleiblich an sich beantwortlich, wenn auch nicht ein jeder dieselben beantworten kann. Darum lasset uns nur allen Fleiß beweisen, die Gründe für das Christenthum zu untersuchen. Und können wir nach Untersuchung derselben der Ueberzeugung nicht widerstehen, daß die Geschichte von seinem Stifter eine wahre Geschichte sey; so laßt uns die Sache des Glaubens für entschieden halten! Unsere Untersuchung muß bei den Mermalen einer wahren und glaubwürdigen Geschichte anfangen. Wir wollen sie also auch dabei anfangen.

§. 60.

Unmögliche Dinge können nie wirklich werden oder geschehen seyn. Daher kann uns kein Zeugnis in der Welt bewegen, etwas unmögliches zu glauben. Und daher ist das erste, was zum vernünftigen Glauben einer Geschichte erfordert wird, daß es eine durch und durch mögliche Geschichte sey. Aber daß sie noch überdem wahrscheinlich oder an sich glaublich sey, ist dazu schlechterdings nicht nothwendig. Alle Tage sehen wir Dinge geschehen, die vorhin nicht die geringste Wahrscheinlichkeit hatten: einfältige dumme Leute z. E. zu Glück und Ehren gelangen, und würdige und verständige dagegen in Elend und Schande verfallen: Leute

von

Die Wahrheit der evangelischen Geschichte.

von starker Gesundheit in ihren besten Jahren zu Grabe gehen, und schwächliche täglich sterbende alt werden. Sobald nur etwas nicht unmöglich ist, zweifeln wir auch nicht an der Wirklichkeit, wenn nur diejenigen, welche die Wirklichkeit bezeugen, solche theils wohl wissen und bezeugen konnten, theils zuverläßig, so wie sie dieselbe wußten, wirklich bezeugten. Und wenn wir das eine und das andere von einem Zeugen mit Zuverläßigkeit erkennen; so wäre es wirklich unvernünftig, wenn wir ihm doch nicht glaubten. Wer die Wahrheit sagen kann und sagen will, der sagt sie auch wirklich unausbleiblich. In solchem Falle ist wirklich unmöglich, daß wir von ihm hintergangen werden sollten. Und wenn die Begebenheit auch nur einen einzigen Zeugen von solcher Beschaffenheit für sich hat; so verdient solche allen Glauben. Denn es ist auch nicht ein einiges mahl möglich, daß derjenige etwas falsches bezeugen sollte, dessen Vermögen und Wille die Wahrheit zu bezeugen ausser allem Zweifel ist. Kömmt aber vollends hinzu, daß eine Sache übereinstimmig von mehreren redlichen derselben vollkommen kundigen Leuten erzählt und versichert wird; so wird noch unmöglicher, daß sie falsch seyn sollte. Und kömmt noch überdem hinzu, daß sie bereits an sich glaublich oder wahrscheinlich ist: so wird unsre Versicherung von der Glaubwürdigkeit derselben noch grösser.

E §. 61.

Das dritte Hauptstück.

§. 61.

Nach diesen Regeln verfahren wir in allen Fällen. Wir ziehen die Nachrichten von den entferntesten Weltbegebenheiten nicht in Zweifel, welche wir in den öffentlichen Blättern lesen, weil wir solche von Ort und Stelle hergeschrieben finden, wo man dieselben wissen konnte, und keinen Grund absehen, warum man dergleichen erdichtet hätte. Werden solche gar durch mehrere von Ort und Stelle eingelaufene Nachrichten bestätigt: so wird unsre Gewißheit vergrössert. Daß aber solches an sich nicht nöthig sey, erhellet daher, daß wir eine Nachricht, die wir von einem einzigen uns von Seiten der Redlichkeit bekannten Freunde über eine an dem Orte seines Aufenthalts vorgegangene Begebenheit empfangen, vollkommen hinlänglich ist, um dieselbe zu glauben: sie selbst, wenn sie sonst unwahrscheinlich war zu glauben, wenn sie nur doch möglich war. Wir legen ohne Verzug die Trauer über einen uns gemeldeten Tod eines Verwandten an, auch wenn wir sein Ableben noch gar nicht vermuthet haben, sobald nur eine einzige glaubhafte Nachricht davon an uns gelangt ist. Und das ist, wenn dergleichen von Jemande herrührte, der den erfolgten Sterbefall wohl wissen konnte, und ausser Verdacht ist, daß er uns durch eine falsche Nachricht davon habe hintergehen wollen. War vollends das Ableben unsers Verwandten zu vermuthen, oder wird uns solches von mehrern aus Ort und Stelle gemeldet: so würden wir es für ungereimt halten, gegen die Wirklichkeit

dessel-

desselben noch einigen Zweifel zu hegen. Und es würde wirklich ungereimt und unvernünftig seyn. Denn es ist und bleibt unmöglich, daß eine Begebenheit nicht wirklich geschehen seyn sollte, die von Leuten bezeugt wird, die die Wirklichkeit wohl wußten, und so wie sie dieselbe wußten, bezeugten.

§. 62.

Also würden wir gegen die Regeln des historischen Glaubens handeln, und wirklich unvernünftig handeln, wenn wir die evangelische Geschichte nicht glauben wollten, wenn dieselbe 1) an sich durch und durch möglich ist: 2) die Verfasser derselben alles, was sie erzählen, wissen und erzählen konnten, und 3) wie sie es wußten, auch wirklich erzählen wollten, und erzählt haben. Und mehr als dieses ist zur Glaubwürdigkeit derselben schlechterdings nicht nöthig. Hat dieselbe überdem mehrere solche glaubwürdige Zeugen für sich, und ist solche noch überdem eine an sich glaubliche und wahrscheinliche Geschichte: so wäre es wirklich Unsinn, wenn wir gleichwohl noch unser Urtheil über die Wahrheit derselben aufschieben wollten. Und nun dis alles ist von derselben zu erweisen. Es ist 1) eine durch und durch mögliche, 2) an sich selbst glaubliche und höchst wahrscheinliche Geschichte, 3) die Verfasser derselben konnten alles, was sie erzählten, genau wissen und erzählen, 4) wir haben nicht den geringsten Grund, die Aufrichtigkeit derselben für verdächtig zu halten, sondern vielmehr die stärksten Beweisthümer von derselben, und 5) es sind überdem mehrere solche unverdächtige und der erzählten Begebenheiten vollkommen kundige Leute, welche uns dieselben übereinstimmig erzählen. Lasset uns eins nach dem andern untersuchen und erweisen.

§. 63.

Es ist zuvörderst eine durch und durch mögliche Geschichte. Jeder Theil derselben ist an sich möglich: und es ist alles beisammen möglich. Zuerst jeder Theil derselben an sich oder allein betrachtet. Da ist keine Begebenheit, die nicht vorgegangen seyn könnte; keine Rede, die nicht Christus gehalten haben könnte; und auch kein Wunder, das nicht durch ihn oder an ihm geschehen seyn könnte. Ausserordentliche und ungewöhnliche Dinge finden wir in dieser Geschichte vor, weil wir Wunder in derselben vorfinden; aber nicht unmögliche Dinge. Ist ein Gott, ein allmächtiger Oberherr der Welt ausser der Welt vorhanden; so muß es auch Wirkungen seiner Allmacht in der Welt geben können. Und unter den in dem Leben Christi ihm zugeeigneten Wirkungen der Allmacht ist keine einzige, die an sich unmöglich gewesen wäre. Wenn irgendwo erzählt würde, daß Christus an zween Orten zugleich gewesen sey, zu derselben Zeit z. E. da er am Kreuze hing, auch im Tempel gewesen sey und gelehrt habe: so würden Dinge gemeldet, die selbst mit Zuthun der göttlichen Allmacht nicht möglich gewesen wären. Und in einem Roman würden dergleichen gewiß eingeflössen seyn. Aber da ist kein einziges, gegen dessen Möglichkeit etwas eingewandt werden könnte.

§. 64.

§. 64.

Es ist auch nicht nur alles an sich und einzeln betrachtet möglich; es ist auch alles beisammen möglich. Die Geschichte hängt im Ganzen genommen innerlich mit sich selbst vollkommen zusammen: und in jedem Theile derselben hängt alles vollkommen zusammen: ist alles so nach und neben einander, wie es nach und neben einander seyn konnte. Nach verschiedenen vergeblichen Versuchen, die Schriftgelehrten im Volke zu überzeugen, wendet sich Christus zu dem gemeinen Haufen: erweiset demselben seine göttliche Sendung durch eine Menge Wunder: und setzt dem zur Ueberzeugung desselben durchaus hinderlichen Ansehen der Geistlichkeit und Schriftgelehrten mehrmalige Entdeckung der Unwissenheit und Scheinheiligkeit derselben entgegen. Damit zieht er sich den Haß derselben zu: und solcher endigt sich mit seiner Hinrichtung. Das ist alles so nach einander, wie es nach einander kommen mußte: der Ausgang seines Lehramtes, wie er nach Beschaffenheit desselben kommen mußte. Und so ist es auch in allen einzelnen Begebenheiten. Nirgends verrichtet er an Jemande eine wunderthätige Heilung, und wird darüber von diesem gesteiniget. Die Pharisäer und Schriftgelehrten murren, beschuldigen ihn der Zauberei, und gehen beschämt hinweg. Der unpartheiische Haufe bewundert die sich durch ihn wirksam beweisende göttliche Macht. Das ist alles natürlich und ordentlich. Man verurtheilt ihn zum Tode: die Jünger fliehen; Judas erhängt

erhängt sich: die Hohenpriester verspotten ihn: und der Pöbel in Jerusalem verspottet ihn: derselbige Pöbel, der ihn einige Tage vorher für den Meßias ausgerufen hatte. Auch das alles ist natürlich und ordentlich. In einem Roman würde es anders seyn.

Anmerkung. Diese Betrachtungen erhalten eine grosse Stärke, wenn wir folgendes erwägen. Ist die Lebensgeschichte Christi eine Erdichtung; so hat der Urheber, es sey derselbe einer oder mehr als einer gewesen, doch ohnleugbar die Absicht gehabt, das Leben Christi als ein wundervolles und ganz ausserordentliches Leben vorzustellen. Nun ist bereits viel, daß er bei lauter möglichen Wundern stehen blieb, und nicht das Erstaunen zu vergrössern, Christo ganz unbegreifliche Begebenheiten und Thaten angedichtet hat. Aber es ist noch auffallender, daß wir nur so viel ausserordentliches in dieser Geschichte vorfinden, als gerade zum Zwecke nöthig war. Christus wird wunderthätig geboren: hierauf geht alles natürlich ohne Wunder bis zu seinem Lehramte. In seinem Lehramte thut er Wunder: und nach seiner Hinrichtung wird er wieder durch ein Wunder auferweckt, und von dem Erdboden hinweggenommen. Alles dieses war, wie wir gleich zeigen werden, zum Zweck nöthig. Aber im übrigen erfolgt alles ganz natürlich und ordentlich: alles, so wie man es nach der gewöhnlichen Folge der Dinge in der Welt immer aus dem vorhergehenden erwarten mußte. In einem Roman, der den Zweck hatte, ausserordentliche Dinge zu erzählen, würde ohnfehlbar alle Augenblicke etwas anders erfolgt seyn, als man vermuthen konnte. Man wendet ein, daß aber dieses doch nicht natürlich und wahrscheinlich sey, daß Christus seine göttliche Sendung mit einer Menge unleugbarer Wunder erwiesen,

wiesen, und damit doch nur so wenige Leute überzeugt habe, und hierauf selbst von dem gelehrtern Theile seines Volks als ein Betrüger zum Tode verurtheilt, daß er wieder auferstanden und seine Mörder doch im Unglauben beharret seyn sollen. Allein nach der Theorie vom Messias, welche man aus den Propheten zu haben glaubte, konnte er nicht der Meßias seyn: und also alle seine Wunder mußten verführerische von Gott blos zur Versuchung zugelassene Wunder seyn. Und fehlt es etwa an täglichen ähnlichen Beispielen von der Macht der Vorurtheile? Es fehlt so viel, daß die Unempfindlichkeit gegen seine Wunder nicht vollkommen natürlich und begreiflich seyn sollte, daß vielmehr nach den Begriffen vom Meßias, die nun einmal die Schriftgelehrten aus den Propheten zu haben glaubten, und nach dem Ansehen, in welchem sie weiter bei dem Volke standen, es etwas unerwartetes und ausserordentliches gewesen seyn würde, wenn die Wunder Christi die Wirkung gehabt haben sollten, daß die Schriftgelehrten ihre ganze bisher gehabte Theologie verändert haben sollten, und das gemeine Volk sein bisheriges Vertrauen zu der Einsicht und Gottesfurcht derselben aufgegeben haben sollte.

§. 64.

Wir müssen uns doch bei den Wundern noch länger aufhalten. Von der Wahrheit derselben hängt alles in unserm Glauben von Christo, und damit in unserm Glauben von der durch ihn vollendeten Offenbarung ab. Der Unglaube kann einräumen, daß solche sämtlich an sich mögliche und Gott nach seiner Allmacht mögliche Dinge waren; und gleichwohl Anstand nehmen, sie für in allen Absichten mögliche Dinge zu erkennen. Er

kann

kann einwenden, daß sie aber nicht nach der göttlichen Weisheit möglich waren. Also lasset uns auch dieses erweisen. Lasset uns nachforschen, ob die Absichten, zu welchen sie sämtlich vorgegangen seyn sollen, nicht der höchsten Güte und Weisheit Gottes anständig, und nun alle diese Wunder und so viele derselben zur Erreichung derselben nothwendig oder doch nützlich waren.

§. 65.

Diese sind geschrieben, daß ihr glauben sollet, Jesus sey Christ der Sohn Gottes *). Ich kann es als bekannt annehmen, daß die sämtlichen in den Evangelisten gemeldeten Wunder ihre Beziehung darauf hatten, daß Jesus der Meßias sey und dafür erkannt werden sollte. Auch als bekannt annehmen, daß die Evangelisten und übrigen Verfasser des Neuen Testaments unter Jesu dem Meßias theils einen göttlichen Religionslehrer, theils einen Vermittler unserer Seeligkeit vorgestellt und erkannt wissen wollten. Und wenn auch die Juden unter dem Meßias nicht eben das begriffen; so sind doch die Christen von je her angewiesen worden, dergleichen darunter zu begreifen. Er ist uns gemacht (geworden) Weisheit von Gott Gerechtigkeit, Heiligung und Erlösung **). Wer ist aber, der von dem einem oder dem andern behaupten könnte, daß solches, ich will nicht sagen, nicht möglich, sondern auch nur der Weisheit und Güte Gottes nicht vollkommen

*) Joh. 20, 31.   **) 1 Kor. 1, 30.

kommen anständig gewesen sey? War es ihr nicht vollkommen möglich und anständig, die Menschen unmittelbar zur Seeligkeit zu unterrichten, und nach mehrern zu dem Ende ausserordentlich erleuchteten Leuten, endlich Jemanden durch eine fortdaurende übernatürliche Erhöhung seines Verstandes zu einem untrüglichen Religionslehrer auszubilden? Oder war es ihr nicht möglich und sehr anständig, die Begnadigung der Menschen in der Ordnung einiger Vollziehung der von ihnen verschuldeten Strafen zu beschliessen? Es ist hier nicht der Ort, die grosse und vorzügliche Nützlichkeit des Glaubens an einen Mittler zur Beruhigung und Heiligung des Menschen auszuführen. Ich kann es für erwiesen annehmen, daß nichts so geschickt war, den Menschen mit Furcht, Liebe und Vertrauen gegen Gott zu erfüllen, und also auch zu einem willigen Gehorsam gegen Gott zu bewegen. Und wenn es auch bei Gott stand, die Menschen ohne einen Mittler zur Seeligkeit zu führen, und ihnen die Sünden ohne einige Bestrafung derselben zu vergeben; so war dieses doch immer ein seiner Weisheit höchst gemäßes Begnadigungsmittel.

§. 66.

Aber so fassen auch die sämtlichen von Christo gemeldeten Wunder nichts in sich, was nicht demselben vollkommen gemäß und anständig gewesen wäre. Denn sie waren theils zur Ausrüstung Christi, theils zur Bestätigung Christi, theils unentbehrlich, theils doch nützlich. Offenbar zu der letztern Absicht: indem wir keine andre Mittel haben konnten, von der Göttlichkeit seiner Lehre und von seiner göttlichen Verordnung, zu einem Vermittler unserer Seeligkeit vergewissert zu werden, als daß er das eine und das andre von sich lehrte, und Gott seine Lehre durch Wunder bestätigte. Aber auch zu der erstern Absicht. Denn damit er ein solcher göttlicher Religionslehrer würde, mußte er einer fortdauernden Einwirkung Gottes zur untrüglichen Erkenntnis aller Religionswahrheiten, und zu einer ganz unsträflichen Tugend geniessen. Und um ein Mittler unserer Seeligkeit zu werden, mußte er eine ganz unsündige und mit Gott auf die besonderste Weise vereinigte Person seyn. Ohnedem war es ihm nicht möglich, dergleichen zu seyn: und ohnedem wurde er kein Gegenstand unsers Vertrauens. Gott mußte fortdauernd auf eine ausserordentliche Weise an ihm wirken, und durch ihn wirken. Und nun daher alle mit ihm und durch ihn geschehene Wunder. Und nun diese so möglich und der göttlichen Weisheit gemäß, als die Absichten, zu welchen sie theils nothwendig, theils doch nützlich waren, möglich und derselben gewiß waren.

> Anmerkung. Es könnte noch eine dritte Absicht wenigstens einiger Wunder unterschieden werden, daß solche nöthig waren, Christum für das von ihm ausgeführte Erlösungswerk zu belohnen: und so hätten wir vollständig Wunder zur Ausrüstung, Wunder zur Bestätigung, und Wunder zur Belohnung Christi zu unterscheiden. Allein die letztern können füglich zu den erstern gerechnet werden, und überhaupt kann einerlei Wunder mehrere Absich-

Die Wahrheit der evangelischen Geschichte.

Absichten zugleich gehabt haben. Das Wunder der Auferstehung war offenbar zu allen dreien.

§. 87.

Wer demnach zweifeln wollte, daß alle diese und so viel Wunder der göttlichen Weisheit anständig gewesen sind, der müßte entweder derselben unanständig finden, daß Gott jemals das menschliche Geschlecht unmittelbar zur Seligkeit zu unterweisen, oder durch den Glauben an einen Mitler zu begnadigen und zu heiligen beschlossen haben sollte, oder zeigen können, daß diese Absicht ohne Wunder hätte erreicht werden können. Die Sache wird noch ungezweifelter, wenn wir die Beschaffenheiten der Christo zugeeigneten Wunder betrachten. Zuvörderst waren es, ein und das andere Strafwunder ausgenommen, das auch seine guten Absichten hatte (§. 54.), lauter wohlthätige Wunder. Er ist umhergezogen, und hat wohl gethan und gesund gemacht alle, die vom Teufel überwältigt waren *). Das ist kurz der Abriß von seinem Leben und von seinen Wundern. Es bestunden solche größtentheils in wunderthätigen Heilungen: und dergleichen schickten sich zugleich recht für denjenigen, der unsere Krankheit auf sich nehmen und wegnehmen sollte **). Hiernächst ist darunter kein einziges unnützes oder nicht zum Zweck gerichtetes Wunder. Keines derselben war blos bestimmt, Verwunderung zu erwecken, oder geschahe auch nur auf

*) Apostg. 10, 38.   **) Matth. 8, 17.

auf eine solche Weise, daß mehr Verwunderung als stille Ueberzeugung dadurch hervorgebracht werden mußte. Jesus thut kein Zeichen am Himmel blos um die Pharisäer zu beschämen *). Befriedigt nicht Herodis Verlangen ein Wunder von ihm zu sehen, steigt nicht vom Kreuz, blos um die spottende Menge zu schrecken und zu widerlegen: und geht nicht nach seiner Auferstehung in den Tempel, um seinen Mördern zu trotzen und das Volk wider sie zu empören. Auch thut er kein einziges Wunder blos zu seiner Erhaltung. In einem Roman hätte er, wie wir schon oben bemerkt haben, gewiß aus Steinen Brod gemacht: gewiß sich vom Tempel herabgestürzt: hätte gewiß die Wache, welche ihn gefangen nehmen sollte, zu Boden geschlagen: und wäre ohnfehlbar vom Kreuze gestiegen, wenn er auch freiwillig wieder von selbst herauf gestiegen seyn sollte. Es sind endlich auch lauter zum Zwecke wahrhaftig nützliche und eingerichtete Wunder. Theils lauter unläugbare und augenscheinliche Wunder, nicht an innerlichen Krankheiten, sondern ordentlicher Weise an äusserlichen Jedermann in die Augen fallenden und bekannten Leibesgebrechen: deren auf sein Wort erfolgte Veränderung Jedermann wahrnehmen mußte, und dabei kein Betrug möglich war. Theils fast sämtlich öffentliche Wunder, die bekannt werden mußten; oder sie geschahen doch allezeit in Gegenwart mehrerer Leute, wenigstens

*) Matth. 12, 38.

Die Wahrheit der evangelischen Geschichte. 77

stens seiner Jünger. Theils unter solchen Umständen, daß an der göttlichen Wirkung derselben nicht gezweifelt werden konnte: ordentlicher Weise auf ein bloßes Wort Christi: zum Theil auch von ihm abwesend. Theils in einer solchen Menge und Mannigfaltigkeit, daß sowol aller Verdacht geheimer von ihm besessener Künste als gespielter Betrügereien unmöglich ward. Also lauter der göttlichen Weisheit höchst gemäße Wunder.

> Anmerkung. Es ist ein auffallender besondrer Charakter der Wunder Christi, daß es lauter ohne Geräusch geschehene, so zu reden stille Wunder waren, dabei Niemand die nöthige Ruhe und Freyheit des Gemüths verlor, dieselben zu betrachten, und sie fortdauernd in ihren Effecten an den geheilten und auch zum Theil vom Tode wieder hergestellten Leuten zu beobachten. Da ist kein einziges romanhaftes oder tändelndes Wunder? durchgängig Würde und Anstand: wenige vorübergehende: Die meisten Wohlthaten an Hülfsbedürftigen, welche durch die empfangene Wohlthat selbst zum Glauben gebracht werden sollten, und wahrscheinlich die erste Gemeinde Christi zum Theil ausmachten. Mehrentheils prüft Christus vorher das Vertrauen dieser Leute, und thut kein Wunder blos der Neugierde zu gefallen. Mehrentheils vorher darum gebeten. Und darum unter andern so viele derselben: weil er kein von ihm aus lauterer Absicht erbetenes Wunder füglich abschlagen konnte, ohne seine Hinlänglichkeit zu allen Arten von Wundern verdächtig zu machen. Je mehr wir die Geschaffenheit und Umstände seiner Wunder erwägen; desto mehr Gründe entdecken wir, sie für lauter dem Zwecke recht angemessene und daher der göttlichen Weisheit anständige Wunder zu erkennen. Man

denkt

denke nach, ob es irgend andere zur Bestätigung der göttlichen Sendung Christi eben so bequeme Wunder gegeben habe. Mir stellt sich keine mögliche Art derselben dar, die so augenscheinlich zugleich wohlthätig, so mannigfaltig und fortdaurend sinnlich, die Bestimmung des Wunderthäters ausdrückend, auf Bitte und zur Belohnung des Glaubens geschehend und zugleich so geschickt gewesen wären, eine große Anzahl Menschen Christo auf besondere Weise zu verpflichten. Wer gerade diese und keine andere Christo andichtete, besaß eine ausserordentliche Geschicklichkeit, die der Gottheit anständigsten und zum Zweck allerschicklichsten Wunder unter allen möglichen zu treffen. Aber wie gleich das erste Wunder auf der Hochzeit zu Cana? Wenn man allezeit gewußt und erwogen hätte, daß eine Hochzeit mehrere Tage dauerte, und also der hervorgebrachte Wein nicht bestimmt war, an einem Tage verzehrt zu werden; so würde man demselben nie den Vorwurf gemacht haben, daß Christus damit die Gäste zur Völlerei verführt habe. Aber die vielen Besessenen? Kranke, davon die Erfahrung unserer Zeit keine Beispiele hat? Daraus folgt gar nicht, daß es dergleichen nie gegeben haben könne, und daß es nicht sehr nützlich war, den Einwurf, daß Christus seine Wunder mit Beistande des Satans verrichte, schlechterdings unmöglich zu machen, daß er den Satan austrieb, oder doch die ob gleich an sich falsche Meinung stehen ließ, daß gewisse unheilbare oder mit seltsamen Zufällen begleitete Krankheiten vom Satan herrührten. Man sey doch so billig und setze nicht der offenbaren Möglichkeit, Glaublichkeit und Gott höchst unanständigen Beschaffenheit der meisten Wunder Christi ein oder das andere entgegen bei welchem solches nicht sogleich augenscheinlich ist.

§. 61.

§. 68.

So viel über die Möglichkeit der ganzen Lebensgeschichte Jesu Christi! Wir thun einen Schritt weiter, und behaupten zum zweiten, daß solche auch eine höchst glaubliche und wahrscheinliche Geschichte ist. Es ist solches im zweiten Hauptstück darauf gegründet worden, daß so etwas von dem Stifter des Christenthums schlechterdings angenommen werden muß, um die durch ihn geschehene Stiftung des Christenthums in der Welt zu begreifen. Das mögen wir eine äussere Glaublichkeit derselben nennen: und davon wollen wir nicht weiter reden. Es ist aber blos berührt worden, daß sich auch alles in der von Christo vorhandenen Geschichte ausnehmend zu dem ihm zugeeigneten Zwecke paßt. Das können wir als eine innere Glaublichkeit derselben betrachten: und dieser wollen wir jetzt nachdenken. Alles ist so, wie es aufs beste zur Darstellung eines göttlichen Religionslehrers und Vermittlers unserer Seligkeit seyn mußte.

§. 69.

Zuerst zur Darstellung eines göttlichen Religionslehrers unter den Menschen. Christus bekömmt seine Erziehung, fern von aller Gelegenheit, seinen Verstand durch einen gelehrten Unterricht auszubilden: an einem Orte, von welchem durchgängig bekannt war, daß er ihm keine äussere Gelegenheiten dazu angebothen haben kann; und aus den Händen armer und geringer Aeltern,

Aeltern, denen es an allem Vermögen fehlte, den Mangel durch Privatunterricht zu ersetzen. Er legte bereits in dem zwölften Jahre seines Alters ihnen selbst unerwartete Proben seines Verstandes ab; kehrte aber mit ihnen in die vorige Dunkelheit zurück: stand seinem Vater mit Händarbeit bei: und trat nicht eher öffentlich hervor, als bis er das Alter erreicht hatte, da es mit Würde und Anstand geschehen konnte. Alles war so eingerichtet, daß man den göttlichen Ursprung seiner sich nun zeigenden ausgebreiteten Religionserkenntnisse, Entfernung von allem Aberglauben seines Volkes, Beredsamkeit, und Weisheit nicht verkennen konnte. Nun trat er nach einer vierzigtägigen Einsamkeit und Sammlung seines Gemüths sein Lehramt wirklich an: schlug seinen Lehrstuhl weder in Jerusalem noch an einem andern bestimmten Orte des Landes auf; sondern durchreisete, durch keine häußlichen Verbindungen gehindert, die volkreichsten Gegenden des Landes, und predigte, wie es sich für einen ausserordentlichen Lehrer schickte, überall, wo er Versammlungen ihn zu hören vorfand. Sein Augenmerk war die Sittenlehre, das Wesentliche in der Religion, das der größten Verbesserung unter seinem Volke bedürftig war. Lauter praktische Wahrheiten: keine tiefsinnige Fragen über Gott und göttliche Geheimnisse: ob er gleich auch gelegentlich seine Fähigkeit dergleichen zu entdecken zeigte. Alles was in der Religionserkenntnis seines Volckes wahres und richtiges enthalten war, ließ er stehen, und legte es bei seinen

Lehren

Lehren zum Grunde. Unschädliche Irrthümer duldete er, wider alle schädlichen aber eiferte er mit Freimüthigkeit: und unterstützte seine Unterweisungen und Vorschriften mit der Behauptung einer von Gott unmittelbar datzu habenden Vollmacht, welche er mit Wundern bewies. Er trug nur so viel vor, als von seinen Zuhörern verstanden werden konnte: und verschob das übrige, bis es nach seiner Vollendung besser gefaßt werden konnte. Ich habe euch noch viel zu sagen; aber ihr könnet es jetzt nicht tragen *). Er flohe nicht den Umgang der Schriftgelehrten, sondern ergrif vielmehr alle Gelegenheiten, sie zu belehren, und sie zu überzeugen. Aber auf die Menge mußte es doch allezeit vornehmlich angesehen seyn: und es wäre einem göttlichen Gesandten unanständig gewesen, solche nicht zum Hauptgegenstande seiner Bearbeitung zu wählen. Also predigte er vornehmlich dem gemeinen Volke: nicht lange ermüdende Reden, sondern ordentlicher Weise kurze Vorträge: häufig mehr in Unterredungen: mit Gebrauch faßlicher Gleichnisse von einem jeden bekannten Dingen hergenommen: dabei aber doch andere Wahrheiten und Beweise an das Volk; andre an die Schriftgelehrten; und andre an die Jünger. Zeitig erwählte er zur künftigen glaubhaften Ausbreitung seiner Lehren und Wunder einige beständige Gefährten aus der Zahl

seiner

---

*) Joh. 16, 12.

seiner Anhänger. Die Hauptzwecke seiner Lehre waren theils die Tugenden der Menschenliebe, Demuth, Sanftmuth, Gutthätigkeit, theils diejenigen, deren Ausübung besonders um die Ruhe des Gemüths zu erlangen nöthig ist, Geduld, Verleugnung, Zufriedenheit mit Gott, Vertrauen zu Gott und himmlischer Sinn. Alle diese Tugenden, und sonderlich die erstern, schärfte er nicht nur bei aller Gelegenheit ein; sondern übte sie auch selbst auf die nachahmungswürdigste Weise aus. Er lebte in Armuth und Niedrigkeit, um ein Beispiel der Verleugnung, der Geduld und der Demuth zu geben. Aber diese Niedrigkeit, in welcher er lebte, hinderte ihn nicht, den Aberglauben und das Laster freimüthig zu bestrafen; und die Widerwärtigkeiten, welche er sich damit zuzog, gaben ihm Gelegenheit, theils seine Tugendlehre mit desto mehr Beispielen zu derselben zu bestätigen, theils ein Märtyrer seiner Lehre zu werden, und durch die Standhaftigkeit, mit welcher er noch im Sterben die Göttlichkeit derselben behauptete, solche wirklich zu erweisen und zu versiegeln. Er wurde nach seiner darüber erfolgten Hinrichtung wieder von den Todten auferweckt, und also von Gott für das, wofür er sich ausgegeben hatte, feierlich erklärt. Alles ist so eingerichtet, wie es bei einem göttlichen Religionslehrer seyn mußte, und aufs beste eingerichtet seyn konnte: das meiste war dazu unentbehrlich, und alles doch ungemein weislich und schicklich.

1. Anmer-

Die Wahrheit der evangelischen Geschichte. 83

1. Anmerkung. Unter einem göttlichen Religionslehrer begreife ich beständig einen von Gott unmittelbar ausgerüsteten und bevollmächtigten Lehrer der Religion überhaupt: und unterscheide ihn also von einem jeden, der entweder blos eine und die andere Religionswahrheit aus darüber empfangener Offenbahrung erkannte, oder blos bevollmächtigt war, die schon vorhandne Religionserkenntnis zu erhalten und Ausübung derselben zu befördern.

2. Anmerkung. Das Hauptwerk in der Lehre Christi war augenscheinlich die Sittenlehre. Dabei aber beobachtete er weiter die weiseste Wahl in den Tugenden, welche er vornehmlich zu befördern suchte. Es waren solche vornehmlich, theils die Tugenden der Menschen oder Nächsten-Liebe, theils diejenigen, mit welchen die Ruhe des Gemüths auf eine nähere Weise zusammenhängt. Davon zeuget seine Bergpredigt, die vollständigste seiner öffentlichen Reden. Alles in derselben ist auf diese beiden Arten von Tugenden gerichtet.

§. 70.

Alles in dem Leben Jesu harmonirt mit der Bestimmung desselben, Wahrheit und Tugend mit einem göttlichen Ansehen unter den Menschen aufzurichten. Aber auch mit seiner Bestimmung zu einem Erlöser der Menschen. Sein Leben ist eine Kette von Widerwärtigkeiten. Er tritt zu einer solchen Zeit, bei solchen Vorurtheilen und Gesinnungen seines Volks, und unter solchen Umständen in die Welt, daß er bei seinen Bemühungen Wahrheit und Tugend unter denselben zu befördern, von einer grossen Mannigfaltigkeit von Uebeln

beinahe

beinahe nicht verschont bleiben kann. Der glänzendste Theil seines Lebens ist Beschwerlichkeit und Mühe mit täglichen Gefahren umgeben. Von seiner Geburt an kämpft er mit Dürftigkeit und Verachtung. Und endlich erduldet er alles, was schmerzhaftes und schreckliches gedacht werden kann. Er wird unter die Missethäter gerechnet, und stirbt den gewaltsamsten Tod am Kreuze. Dabei ein völlig Unschuldiger, der nicht nur seine Feinde auffordern kann, ihn einer von ihm begangenen Sünde zu überführen; sondern selbst von den Befleckungen rein, welche allen natürlich erzeugten Menschen gemein sind, und zu dem Ende nicht wie andre Menschen empfangen. Auch mit der Wunderkraft, mit welcher er Tode lebendig machte, und mit wenigen Broden einige tausend speisete. Vermögend, alle Arten von Uebeln von sich zu entfernen, und sich dagegen alles nur ersinnliche Gute zu verschaffen. Da er Freude haben konnte, erduldete er das Kreuz und ward gehorsam bis zum Tode, ja zum Tode am Kreuze[*]). So und nicht anders mußte das Leben eines Mittlers der Menschen beschaffen seyn, der die Sünden der Welt tragen und unter den ersinnlichsten von ihm selbst auf keine Weise verschuldeten Leiden ein Fluch für uns werden sollte. Aber er mußte auch hinlänglich bekannt werden, und sein mit seinen Leiden ausgeführtes Erlösungswerk hinlänglich bekannt werden. Unter allen Einrichtungen

---

*) Hebr. 12, 2. Phil. 2, 6.

tungen seines Lebens war zu diesem Endzwecke keine bequemer, als wenn er das Amt eines ausserordentlichen und öffentlichen Lehrers übernahm, und dabei zugleich das nöthigste von seiner Person bekannt machte, und mit Wundern bestätigte. Und so war das Leben Jesu eingerichtet. Ein Theil seiner Lehre war, daß er der Meßias sey: dies bestätigte er mit Wundern: und überließ seinen Jüngern, nach von ihm ausgeführter Erlösung das Amt des Meßias genauer zu erklären. Die Widerwärtigkeiten, welche er sich mit seiner Lehre zuzog, wurden ein Theil und der wichtigste Theil seiner versöhnenden Leiden: und sein Lehramt bahnte ihm zugleich den Weg zu recht ehrwürdigen Leiden. Er konnte nicht für dieselben unbelohnt bleiben: und es war dem Glauben auch ein hinlänglicher Beweis nöthig, daß Gott die durch ihn gestiftete Versöhnung angenommen und genehmigt habe. Dergleichen Beweis war seine Auferstehung und Himmelfahrt. Und also stimmt in seiner Lebensgeschichte auch alles zu dem Endzweck zusammen, damit er ein Erlöser der Menschen würde.

Anmerkung. Das ganze Leben Jesu paßt sich also so wohl zu seiner Bestimmung zu einem Vermittler unserer Seligkeit, als zu einem göttlichen Religionslehrer. Zu beiden Absichten war seine vorhergehende Erniedrigung, oder sein Wandel im Fleische, und seine hierauf erfolgte Erhöhung nöthig und nützlich. Da er indessen beides seyn sollte: so ist mancher Theil seiner Lebensgeschichte besser aus dem einen, und mancher besser aus dem andern Zwecke Gottes mit seiner Person zu erklären: Z. E. seine auch durch die wundervolle Empfängniß besorgte völlige Unsündlichkeit oder vollkommnere Anlage zu einem großen und guten, ja besten Menschen, besser aus der ersten Bestimmung zu erklären, als aus der andern. Allein durchgängig ist doch alles aus beiden wohl zu erklären, und paßt sich alles zu beiden. Und aus den Begriffen der Juden vom Meßias hatten die Evangelisten ihre Lebensgeschichte Christi offenbar nicht gemacht. Nach denselben hätten sie ihm z. E. gewiß keine wunderthätige Empfängniß zugeeignet, sondern ihn auf die ordentliche Weise vom David abstammen lassen.

§. 71.

Was für Schlüsse ergeben sich nun daher auf die Wahrheit und Glaubwürdigkeit der vier Evangelien? Die Urheber derselben müßten Leute von einer ganz ausserordentlichen Geschicklichkeit gewesen seyn, wenn sie dieselbe erdichtet und doch nicht das geringste zu seiner Bestimmung auch nur unnütze eingeflochten haben sollten: wenn sie bei dem Vorhaben, das Leben eines göttlichen Religionslehrers zu machen, alles so getroffen haben sollten, wie es aufs beste zur Vorstellung eines göttlichen Religionslehrers gefaßt seyn mußte; und bei dem Plane das Leben eines Erlösers der Menschen zu machen, durchgängig alles so getroffen haben sollten, wie es sich zu diesem am besten schickte, und alles so getroffen haben sollten, daß es sich zu beiden Bestimmungen schickte: daß nichts darzu nöthiges fehlte, und nichts darzu auch nur unnützes, noch weniger etwas

demselben

Die Wahrheit der evangelischen Geschichte. 87

demselben widersprechendes hinein käme. Nein, so viel Scharfsinnigkeit ist natürlich ganz unwahrscheinlich: wenn es uns keine Mühe macht, die zweckmäßige Einrichtung des ganzen Lebens Jesu und aller Theile desselben gegenwärtig zu entdecken; so gehörte doch ganz etwas anders darzu, um dergleichen zu erdichten. Der ganze Plan, den unter den Juden erwarteten Meßias in einen Vermittler der Seligkeit zu verwandeln, war etwas menschlich unerwartetes; und ihn zu dem Ende für die Sünden der Menschen leiden und sterben lassen, das war ein Begnadigungsmittel, dessen Erfindung, mit Paulo zu reden, in keines Menschen Herz kommen konnte: und weiter alles so zu bestimmen, daß eine ganz unsündige Person von allen nur ersinnlichen Leiden betroffen, auf die Gott anständigste Weise in der Welt geoffenbahret, und hernach verherrlicht, und mit allen zur Fortsetzung des Mittleramts nöthigen Kräften und Vollmachten versehen entstünde: das war kein Werk einer menschlichen Erfindung. Und schon das Leben eines göttlichen Religionslehrers durch und durch so zu machen, daß nichts darzu nöthiges fehlte, und alles dazu aufs beste zusammenstimmte, erforderte eine unglaubliche Geschicklichkeit. Sollte der Erfinder wohl durchgängig alles getroffen haben? In der Wahl der Lehren, die er ihn mit göttlicher Ausrüstung und Vollmacht wollte vortragen lassen: in der Art des Vortrages: in der besten Art der Verbreitung derselben; in der zeitigen Sorge für eine glaubhafte Ueberlieferung:

in allen zu einem beſtätigendem Beiſpiele dienenden Umſtänden und Einrichtungen des Lebens Jeſu? Und alles ſo getroffen haben? Armuth und Niedrigkeit für den ſchicklichſten Zuſtand für einen Tugendlehrer gehalten haben: ihn nicht verheirathet; oder einen andern zum Zweck unſchicklichen Umſtand eingeflochten haben?

Anmerkung. Die Lehre von Chriſto, oder ſogenannte Chriſtologie, iſt eine ſogar zuſammengeſetzte oder viel begreifende Lehre, und es paßt ſich gleichwol alles in derſelben ſo ſehr zu dem Amte oder Zwecke deſſelben, daß je mehr Jemand dieſe Lehre ſtudirt, deſto unmöglicher wird bei ihm die Beſorgnis, daß es eine menſchliche Erfindung ſeyn ſollte. Die Evangeliſten laſſen z. E. Chriſtum weder auf die ordentliche Weiſe gezeugt, noch auch wie Adam von Gott unmittelbar erſchaffen werden. Wäre das erſtere geweſen: ſo wäre nicht klar geworden, daß er ein auſſerordentlicher Menſch ſey: und das mußte er ſeyn, und von ihm klar werden. Wäre das andere geſchehn; ſo wäre er nicht ein wirkliches Glied des menſchlichen Geſchlechts geworden, und es alſo nicht wahre Liebe der Brüder geweſen, was er zum Heil der Menſchen that und litte: nicht Leiſtung einer gegen die Menſchen als ſeine Brüder habenden wirklichen Verbindlichkeit. Das ganze Leben Jeſu zeiget von einer Weisheit, welche alles in demſelben aufs beſte zum Zweck eingerichtet hat. Unter andern iſt auch dieſer Umſtand ſehr auffallend, daß Chriſtus ſelbſt nichts von ſeiner Lehre oder Geſchichte aufgeſchrieben hat. Es konnte doch ſolche nicht eher wohl geſchrieben werden, als nach Vollendung ſeines Erlöſungswerkes: und da würde es, andere Unbequemlichkeiten zu geſchweigen, ſehr romanhaft geworden ſeyn, wenn er ſelbſt nach ſeiner Auferſtehung einen Aufſatz

Die Wahrheit der evangelischen Geschichte. 89

satz von seiner Lehre oder Geschichte gemacht haben sollte. Aber wenn man einmal die Kirche mit erdichteten Aufsätzen darüber hätte hintergehen wollen: so ist höchst wahrscheinlich, daß man dergleichen eher unter Christi eigenem Namen, als unter dem Namen seiner Apostel untergeschoben haben würde. Dem ersten Ansehen nach konnte Christus dergleichen selbst am besten und glaubwürdigsten schreiben: und schwerlich merkte ein Betrüger die große Unwahrscheinlichkeit, daß der Erlöser selbst seine Thaten und Leiden beschrieben haben sollte.

§. 72.

Wer geschickt ist, jede von Christo getriebne Lehre und jede einzelne von ihm aufgezeichnete Rede oder Unterredung, und jede einzelne ihm zugeeignete Handlung zu beurtheilen, kann schlechterdings nicht eine überall hervorleuchtende ausserordentliche Weisheit und Tugend verkennen. Da ist keine Lehre, deren Wahrheit, Vernunftmäßigkeit und Nützlichkeit nicht augenscheinlich wäre: und die durchgängige Erhebung Christi über allen Aberglauben und Irrthum seines Volks ist ohne eine göttliche Salbung nicht zu erklären. Selbst die Widersacher des Evangeliums müssen ihm, wenn sie einige Billigkeit haben, von dieser Seite Gerechtigkeit widerfahren lassen. In allen von ihm aufgezeichneten Reden herrscht eine gewisse Einfalt, Faßlichkeit und Leichtigkeit des Ausdrucks und Vortrags: alle von ihm gewählte Beweise sind so ausgesucht, treffend und zugleich bündig: alle Antworten auf ihm vorgelegte Fragen so durchgängig wahr und gründlich: alle Widerle-

F 5 gungen

gungen vorgebrachter Zweifel und Einwürfe desgleichen: und die Art des Vortrags ist überall einem göttlichen Gesandten und ausserordentlichen Manne so würdig und anständig, daß Niemand etwas mit Grunde tadeln oder verbessern kann. Und das ganze Verhalten Christi so durchgängig ehrwürdig, den Regeln der Weisheit und Tugend angemessen: und jede einzelne Handlung so wohl überlegt: sonderlich unter allen noch so künstlich gemachten Versuchen, ihm etwas zu seinem Nachtheil abzulocken, so der Wahrheit und Klugheit zugleich angemessen, und unter allen Widerwärtigkeiten eine solche Stärke des Geistes, eine solche Gegenwart des Gemüths, mit so viel Freundlichkeit, Demuth und Sittsamkeit zugleich verknüpft, daß eine ausserordentliche Salbung und Tugend nicht verkannt werden kann. Und das sollte ein Roman seyn? Die Urheber dieses Romans müßten so ausserordentliche Leute gewesen seyn, als die Person gewesen seyn sollte, deren Leben sie machten. Denn sie müßten doch diese durchgängig wahre, mögliche, vernünftige und von allen jüdischen Vorurtheilen gereinigte Lehre erfunden: und diese vortreflichen sich durch Einfalt und Nachdruck zugleich empfehlenden Reden erfunden; diese allezeit ausgesuchten treffenden Beweise und Antworten Christo in den Mund gelegt; dieses beste ihm in allen Fällen angedichtete Verhalten erdacht, und Weisheit und Tugend, um ein vollkommnes Muster derselben zu schildern, selbst vollkommen gekannt haben. Und was noch die Unwahrscheinlich-

Die Wahrheit der evangelischen Geschichte.

scheinlichkeit vermehrt, so müßten sie sämmtlich dieselbe dergestalt gekannt, und eine so ausserordentliche Geschicklichkeit, Christo die besten Lehren, die vortreflichsten Vorträge, das weiseste Verhalten, und eine durch und durch regelmäßige und nachahmungswürdige Tugend anzudichten, besessen haben. Denn es ist in dieser Absicht bei ihnen alles gleich: und Christi sämmtliche Lehren, Reden und Handlungen sind so unverbesserlich und zweckmäßig, bei dem einen wie bei dem andern; und zwar diejenigen so wohl, die nur dieser oder jener unter ihnen erzählt, als die sie mit einander gemein haben.

Anmerkung. Die Geschichte Christi nach den vier Evangelisten, oder auch nur nach dem Matthäus, durchgängig mit kurzen Anmerkungen über die Wahrheit und Weisheit in jeder vorgetragnen Lehre, in jeder Art des Vortrags, in jedem gewählten Beweise, Beispiele, in jeder ertheilten Antwort, in jeder von ihm erzählten Handlung u. s. w. würde ein für den Glauben sehr nützliches Werk seyn. Käme noch eine Erläuterung der Zweckmäßigkeit aller ihm zugeeigneten Situationen und Begebenheiten hinzu, so würde die Ueberzeugung unwiderstehlich werden, daß das Leben Jesu keine Erdichtung, sondern die wirkliche Geschichte einer mit ausserordentlicher Weisheit und Tugend ausgerüsteten Person seyn müsse.

§. 73.

Dieses leitet uns noch zu einer andern Bemerkung. Jesus ist sich in jedem Evangelisten, und in allen zusammengenommen überall gleich. Zuvörderst in jedem Evange-

Evangelisten. Nie fällt er in einigen Widerspruch mit sich selbst. Ueberall sind dieselben Grundsätze: dieselbe Bestätigung alles im jüdischen Lehrbegrif befindlichen wahren und nützlichen, und gegenseitige Verwerfung aller Menschenlehren und jüdischer Vorurtheile, und dieselbe Herablassung zu unschädlichen oder nicht weislich zu bestreitenden Meinungen. Ueberall dieselben von Christo für sein Lehramt ausgezeichneten praktischen Wahrheiten, sonderlich der allgemeinen Menschenliebe: von der Bergpredigt an bis zu seinen letzten Reden mit den Jüngern. Ueberall dieselbe Lehrart, und Gewohnheit, seine Gleichnisse und Bilder von natürlichen oder andern im gemeinen Leben bekannten Dingen herzunehmen. Ueberall dabei andere Wahrheiten und Beweisarten an das Volk, andere an die Schriftgelehrten, und andere an die Jünger. Ueberall dieselbe einem Gottmenschen anständige Würde und Ernsthaftigkeit in seinen Reden und Handlungen. Und dabei überall der Charakter eines Menschenfreundes, der Sanftmuth und Demuth. Ueberall ein Zweck und einerlei Regel bei seinen Wundern und Lehren; durchgängig die erstern dazu gerichtet, Glauben zu erwecken, oder Glauben zu belohnen: durchgängig in seinen Reden und Ermahnungen an das Volk herablassend und freundlich; gegen die Pharisäer und Schriftgelehrten ernsthaft und freimüthig; gegen die Jünger offenherzig und vertraut, aber auch alle ihre Schwachheiten und Vorurtheile bestrafend. Einerlei durchgängig beobachteter Charakter. Das ist, wie es in der wirklichen Geschichte

Die Wahrheit der evangelischen Geschichte.

Geschichte eines Gottmenschen unausbleiblich seyn muste. Aber jeder Evangeliste sollte die ausserordentliche Geschicklichkeit besessen haben, seinen Helden so auszumahlen, daß er sich überall gleich blieb? und nie in den geringsten Widerspruch mit sich selbst verfiel?

§. 74.

Das hierinnen nicht zu erkennende Merkmahl einer wahren Geschichte wird noch andringender, wenn wir erwägen, daß sich Christus, nicht nur in jedem Evangelisten allein genommen, sondern auch in allen zusammengenommen vollkommen gleich ist. Augenscheinlich ist in dem einen dieselbe Lehre, die in dem andern ist. Matthäus und Lukas liefern uns das Lehramt Christi außer Jerusalem: und daher mehr Reden an das Volk, als an die Schriftgelehrten (Markum können wir, da er Matthäum vor sich gehabt, nicht besonders rechnen); Johannes aber mehr das Lehramt Christi in Jerusalem: und daher mehr Reden an die gelehrten Juden. Daher ist nun wohl die Aehnlichkeit zwischen den ersten beiden grösser, als zwischen ihnen und dem Johannes. Sie liefern uns beide Gleichnißreden Christi; Johannes nicht: weil Christus dergleichen zur Unterweisung der Gelehrten zu gebrauchen pflegte. Aber Lukas hat viel Gleichnißreden, die Matthäus nicht hat; und alle haben doch dasselbe eigenthümliche, welches sie im Matthäus haben: daß die handelnden Personen in denselben durchgängig Menschen sind. Was für

für ein Künstler müßte denn Lukas seyn, um den von ihm erdichteten Gleichnißreden Christi durchgängig daßselbe eigenthümliche zu geben, das sie im Matthäus haben? Aber im Matthäus, im Lukas und Johannes finden wir auch offenbar dieselbe Person vor: denselben ehrwürdigen Charakter; dieselben Grundsätze, und dieselben Zwecke. In allen dreien, so in seinen Lehren und Handlungen gegen das Volk; so gegen die Schriftgelehrten; und so gegen die Jünger. Und im Johannes sowohl die Gewohnheit, seine Bilder von natürlichen bekannten, oder wie er sie selbst nennt, irrdischen Dingen zu entlehnen, wie im Matthäus und Lukas. Er entlehnet solche im Johannes vom Winde, vom Lichte, vom Hirten und vom Weinstocke, wie im Matthäus vom Acker, vom Fischzuge, und von den Vögeln und Sperlingen. Man erkläre uns doch, wenn die Verfasser weiter nichts gemein haben, als daß sie die Kirche mit erdichteten Reden, Handlungen und Begebenheiten ihres Stifters hintergehen oder erbauen wollen, wie sie denn alle dazu gekommen sind, in ihren davon gemachten Romanen dergestalt zusammen zu stimmen? der Kirche dieselbe Person, dieselben Lehren und denselben Charakter vorzubilden? Und wenn auch einer den andern vor sich hatte: wie kam er denn dazu, daß er auch in demjenigen, was der andere nicht hatte, Christum eben so vorstellte, wie er in demjenigen vorgestellt ward, was der andere von ihm hatte? Lasset uns erkennen, daß die Sache unerklärlich ist, wenn sie nicht sämtlich

die

Die Wahrheit der evangelischen Geschichte.

die wirkliche Geschichte einer und derselben Person lieferten.

Anmerkung. Das hierin liegende Merkmahl von der Wirklichkeit und Wahrheit der evangelischen Geschichte wird noch dadurch vergrössert, daß auch alle in dieselbe hineinkommende Nebenpersonen durchgängig so vorgestellt werden, wie sie nach der grössten Wahrscheinlichkeit waren; und von allen Evangelisten so übereinstimmig vorgestellt werden. Durchgängig finden wir das Volk so charakterisirt, und die Pharisäer und Schriftgelehrten so charakterisirt, und die Jünger und einzelne Personen, den Petrus, den Johannes, den Täufer, und den nachmahligen Apostel, den Pilatus u. s. w. so charakterisirt, wie jeder nach der grössten Wahrscheinlichkeit war: und den jedem eigenthümlichen Charakter durch die ganze Geschichte einförmig erhalten und fortgeführt. Und in allen Evangelisten eben denselben jedem eigenthümlichen Charakter. Die Jünger, und die Priester und Schriftgelehrten im Lukas dieselben, die sie im Matthäus sind: und im Johannes dieselben, die sie im Matthäus und Lukas sind. Es ist andringend, daß es wahre Geschichte ist, darin alles so nach dem Leben, und so vieles so nach dem Leben, und durchgängig so nach dem Leben getroffen ist. Es hat von je her gefallen, daß die Leidensgeschichte Christi eine grosse Mannigfaltigkeit von Charaktern, und sämtlich höchst wahrscheinlichen der Natur gemäßen Charakteren in sich faßt. So ist die ganze Lebensgeschichte Christi. Christus hat nicht nur seinen eigenen ihm recht anständigen Charakter, und bleibt sich überall in allen Evangelisten ähnlich; sondern dasselbe findet in Ansehung aller hineinkommenden Personen statt. Das müßte ein grosser Kunstverständiger gewesen seyn, der

einem

einem Roman dergestalt das durchgängige Gepräge einer wirklichen Geschichte zu geben verstanden hätte.

§. 75.

Jedoch zu unserm dritten Beweise! Und damit zu den Hauptbetrachtungen, welche die Wahrheit und Glaubwürdigkeit der evangelischen Geschichte entscheiden. Haben die Verfasser alles was sie erzählen, genau wissen und erzählen können, und so wie sie es gewußt, auch wirklich erzählen wollen: so haben sie auch ohnfehlbar die Wahrheit erzählt. Das war unser Schluß (§. 60.): und nun zuerst der Beweis, daß sie alles, was sie erzählen, genau wissen und erzählen können: alle Begebenheiten und Thaten Christi, welche sie erzählen, und alle die Reden Christi, welche sie aufgezeichnet haben. Wir dürfen noch gar nicht als erwiesen voraussetzen, daß die Verfasser Gefährten Christi oder seiner Apostel, und daher entweder Augenzeugen waren, die alles, was sie erzählen, selbst gesehen und gehört, oder doch von Augenzeugen hatten. Es ist genug, wenn sie nichts erzählen, als was doch genau gewußt und erzählt werden kennte: daß es doch möglich und so gar höchst wahrscheinlich ist, daß Jesus gewisse Leute zur Fortpflanzung seiner Lehre ausgesondert und beständig um sich gehabt hat, welche dieß alles haben genau beobachten, behalten und weiter erzählen können: daß es doch möglich ist, daß die Verfasser aus der Zahl derselben gewesen sind: und daß es überdem selbst sehr wahrscheinlich ist, daß doch einer oder der andere die Reden,

Lehren

Lehren und Begebenheiten Christi mündlich oder schriftlich fortgepflanzt haben werde.

§. 76.

Sie erzählen uns zuvörderst in aller Kürze, in welcher sie ihre Geschichte gefaßt haben, eine Menge von Begebenheiten und Thaten Christi: und so viele derselben, daß der Glaube weder von seiner Person noch von seinem Amte mehrere derselben bedarf. Aber lauter Begebenheiten und Handlungen Christi, welche gewußt und erzählt, und sonderlich von einem Gefährten Christi während seines Lehramts genau gewußt und erzählt werden konnten. So wenig aus den Jahren der Kindheit und Jugend Christi: und das wenige was sie davon, da ihr Zweck doch schlechterdings etwas davon erforderte, erzählen, lauter Begebenheiten, die sich der Mutter Christi, von welcher sie dieselben gehabt haben können, unauslöschlich eingedrückt haben müssen. Und so gar wenig aus dem ersten Jahre des Lehramts Christi: theils weil sie in demselben noch nicht fähig und geübt genug gewesen, um mehreres zur künftigen Bekanntmachung anzumerken und zu behalten: theils weil sie in demselben noch nicht beständig und fortgesetzt um Christo gewesen zu seyn scheinen. Und überhaupt so wenig aus dem ganzen Leben und Lehramte Christi: und lauter Begebenheiten, die sie sehr wohl beobachten und kaum vergessen können: entweder Wunder, oder öffentliche Reden und Handlungen Christi, oder merkwürdige,

würdige, theils zwischen ihm und seinen Widersachern, theils zwischen ihm und ihnen selbst vorgefallene Dinge; und dabei nichts, das sie nicht füglich wohl wissen konnten. Keine Geschichte der von Christo geheilten Kranken, weder vor noch nach ihrer Heilung: keine vorläufige Umstände seiner Wunder, als die sie gesehen haben können, und keine weitre Folgen derselben. Und eben so bei seinen Reden und gehaltenen Unterredungen. Nichts von den geheimen Rathschlägen, welche seine Widersacher überall wider ihn faßten: weder was sie vor den gemachten Versuchen, ihn zu fangen oder zu Schanden zu machen, verabredet hatten, noch was sie nach mißlungenen Versuchen weiter verabredeten. Keine Jesum betreffende Begebenheiten und Vorfälle in Jerusalem, wenn sie mit ihm in Galiläa waren; und nichts aus Galiläa, wenn sie mit ihm in Jerusalem waren. Sie erzählen schlechterdings nichts, als was ein jeder Gefährte Christi gesehen, gehört und behalten haben mußte. Nur über die letzter Begebenheiten Christi zu Jerusalem, und über die Leiden, welche ihn daselbst betrafen, bekommen ihre Berichte eine von dem vorigen sich ganz unterscheidende Ausführlichkeit und Umständlichkeit. Aber das ist sehr wohl zu erklären. Theils müssen sich diese Begebenheiten ihrer Beschaffenheit wegen mehr als alle vorhergehenden ihrem Gedächtnisse tief eingedrückt haben; theils fingen sie unmittelbar nach denselben an, von Christo zu erzählen: und da könnte nicht unterbleiben, daß sie am ausführlichsten und umständständlichsten über die neuesten und letzten Begebenheiten und Handlungen Christi wurden, welche ihnen im frischesten Andenken waren.

Anmerkung. In einer erdichteten Lebensgeschichte Christi würden wir die Sache unausbleiblich anders antreffen. Was sollte den Urheber gehindert haben, uns das ganze Leben Christi in einer gleichen Vollständigkeit zu liefern? und solche vor dem Antritte seines Lehramts, wie nach demselben, und in dem ersten Jahre seines Lehramtes, wie in dem folgenden mit Aufmerksamkeit und Bewunderung erregenden Umständen zu erfüllen? Und überhaupt mehrere und mannigfaltigere merkwürdige Dinge zu erzählen? Oder wie besas er die Kunst, lauter Dinge zu treffen, die ein Gefährte Christi ohnfehlbar gewußt und behalten haben mußte? Die von Christo bei dem Antritte seines Lehramtes erduldete satanische Versuchung ist die einzige Begebenheit, die nicht anders als aus dem eignen Berichte Christi gewußt werden konnte, und mit deren Erzählung Christus seine Jünger von seiner in der Entäusserung gehabten Uebung zu benachrichtigen gut befunden hatte. Aber konnten nicht mehr Begebenheiten und Thaten desselben als von ihm oder seinen Verwandten empfangenen Berichten bekannt geworden, vorgestellt und erdichtet werden? Selbst Lukas, der sich doch vorgenommen hatte, ausführlich zu seyn, und auch über den Anfang des Lebens Jesu so ausführlich ist, springt doch von hier auf einmal mit den übrigen Evangelisten in das Lehramt Christi, und, wie sie, alsobald in das zweite Jahr desselben. Dieses ist nicht anders zu erklären, als daß er von den Aposteln, von welchen er alles erkundet hatte, nichts weiter in Erfahrung gebracht hatte. War eine Sache Erdichtung: so durfte er sich darauf nicht einschränken. Er hatte aber nichts weiter von ihnen in Erfahrung gebracht, weil sie ihm nur so viel, als sie wohl beobachtet und behalten hatten, mitgetheilt hatten. Ohnstreitig hatte Jesus viel mehr geredet und viel mehr gethan; aber nur dieses und so viel hatten sie davon wohl behalten; das sie kaum hatten vergessen können. Wollte man auch sagen, daß sie nur dieses und so viel aus der Menge von Merkwürdigkeiten herausgenommen und gewählt hätten: so würde man doch bereits erkennen, daß sie, unter lauter wirklich geschehenen Dingen gewählt haben. Es ist andringend, daß sie lauter wirklich geschehene, von ihm geschehene und gehörte Dinge erzählen.

§. 77.

Aber, wie waren sie im Stande, so viele Jahre nachher uns richtig und zuverläßig ganze von Christo gehaltne Reden zu überliefern? Hatte jemand unter ihnen dieselben nachgeschrieben? Oder Christus selbst ihnen ein Concept derselben zurückgelassen? Der Anstoß fällt bereits sogleich hinweg, wie sie solche, so viel, vielleicht zwanzig und mehrere Jahre nachher, noch genau wissen und erzählen können. Sie hatten solche unendlich oft mündlich erzählt, ehe sie dieselben aufgeschrieben: und unmittelbar nach der Himmelfarth Christi, da sie ihnen noch im frischen Andenken seyn mußten, zu erzählen angefangen. Aber nun lasset uns sehen, was und wie viel sie uns denn auch davon überliefern! Zuvörderst sind es nicht lange Predigten oder Vorträge Christi von Wort zu Wort. Es sind mehrentheils entweder kurze Gleichnißreden, die sie nicht vergessen haben

ben konnten, ober mehr von Christo gepflogne Unterredungen als gehaltene förmliche Reden. Und durchgängig blosse Auszüge derselben, dabei sie sich nicht an die Worte binden, sondern blos den Inhalt mittheilen, auch daher solche nicht sämtlich in einerlei Worte fassen. Und kann denn Jesus nicht einerlei, sonderlich längere Reden, dergleichen die Bergpredigt war, mehrmals gehalten oder mit ihnen wiederholt, einerlei Gleichniß mehrmals vorgetragen, und also für das Behalten derselben gesorgt haben? Es ist nicht nur möglich, sondern höchst wahrscheinlich: denn er wollte doch die Fortpflanzung derselben. Hiernächst aber, was sind und waren es denn für Reden und Unterredungen Christi, die sie uns überliefern? Entweder an gewisse Begebenheiten z. E. Wunder oder feindliche Angriffe Christi geknüpfte und sich darauf beziehende Reden, die sie nicht vergessen konnten, oder Reden Jesu zu seinen Jüngern und mit seinen Jüngern, die sich ihnen schlechterdings eingedruckt haben mußten. Johannes liefert uns ziemlich vollständig die letzten Reden Jesu mit seinen Jüngern, und die übrigen Evangelisten seine letzten Reden, theils im Tempel, theils mit seinen Jüngern. Aber diese mußten sich ihnen ohnleugbar vorzüglich eingedruckt haben, und sie konnten solche, da nicht mehrere darauf gefolgt waren, aus denselben Gründen unmöglich vergessen haben, aus welchen sie die letzten Begebenheiten Christi so vorzüglich und umständlich behalten haben mußten. Und wie erzählen sie uns denn die Reden, Gleichnisse

und

und Unterredungen Christi? Etwa nach einer sehr ordentlichen Zeitfolge, wie sie nach einander, die eine an diesem und die andere an einem folgenden Tage gehalten worden? Matthäus und Lukas stimmen augenscheinlich nicht in der Ordnung derselben überein. Also ist klar, daß sie sich nicht an die Zeit gehalten, da Christus dieses oder jenes geredet hatte: sondern daß es ihnen blos um die Reden selbst zu thun war: und dabei ihr Gedächtnis nichts weiter that, als daß es ihnen zur Erinnerung des Inhalts zu Hülfe kam. Matthäus setzte dieselben so nach einander hin, wie er sich ihrer erinnerte; und Lukas, wie er sie von den Gefährten Christi ohne ein darüber gehaltenes Tageregister bekommen hatte. Und wie viele Reden, Vorträge und Unterredungen Christi liefern sie uns denn endlich? Gewiß aus dem mehrjährigen Lehramte Christi, darin kein Tag von merkwürdigen Belehrungen oder Bestrafungen Christi leer gewesen seyn wird, ungemein wenige. Nur eine so mäßige Anzahl von Reden, als von merkwürdigen Begebenheiten Christi. Nirgends finden wir etwas vor, das nicht einem jeden auch nur mittelmäßigen Verstande zu behalten, recht sehr möglich gewesen seyn mußte. Und man erwäge noch, daß es mehrere, daß es zwölfe waren, die, wenn auch der eine etwas vergessen hatte, es doch nicht alle vergessen haben konnten. Und wenn man bei dem allen noch nicht gegen alle Besorgnis gesichert zu seyn glaubt, daß sie die Sache nicht recht gefaßt oder sich derselben nicht recht erinnert

haben

Die Wahrheit der evangelischen Geschichte. 103

haben dürften: ist es denn nicht möglich, daß Gott ihr Gedächtniß zur Erinnerung und richtigen Erinnerung derselben gestärkt haben kann? Es ist nicht nur möglich; sondern da doch Gott die Ueberlieferung und richtige Ueberlieferung der Lehre Christi gewollt haben muß, höchst wahrscheinlich, und einer von Christo darüber ertheilten Verheissung gemäß, der wird euch erinnern alles des, das ich euch gesagt habe *).

Anmerkung. In einer erdichteten Geschichte der Lehren und des Lehramts Christi würden wir ohnfehlbar desselben weit mehrere und weit ordentlicher vorfinden: viel längere Unterweisungen und Vorträge Christi: viel ordentlicher nach der Zeitfolge gestellt: keine blos gelegentliche von ihm gehaltene Reden und Unterredungen. Alles zeuget davon, daß die Verfasser blos aus dem Gedächtnisse, und also wirklich aus dem Gedächtnisse, und also wirklich von Christo gehaltene Reden und Unterredungen erzählen. Und wenn sie das schlechterdings nicht konnten, ohne etwas aufgeschrieben zu haben: ist denn nicht möglich und selbst wahrscheinlich, daß sie etwas davon, entweder sogleich, oder doch bald nach der Himmelfarth Christi, zum Gebrauch in ihrem Apostelamte wirklich aufgeschrieben haben? Matthäus trägt an einem Orte seiner Geschichte mehrere einander ähnliche Gleichnißreden Christi zusammen, welche Christus gewiß nicht auf einmal oder unmittelbar nach einander vorgetragen hat. **) Lukas desgleichen. ***) Und so finden wir auch andere einander ähnliche Reden oder Wunder und Begebenheiten Christi zusammengetragen, welche gewiß nicht

G 4 so

*) Joh. 14, 26. **) Cap. 13. ***) Cap. 15, 16.

so zusammen gewesen, oder unmittelbar nach einander geschehen sind. Ich halte dieses für eine klare Spur von Collectaneen, welche sich die Verfasser darüber gemacht hatten. Lukas erzählt die Einsetzung des Abendmahls fast mit denselben Worten, mit welchen sie Paulus erzählt. Matthäus und Markus thun solches mit andern. Ich erkläre die Sache daraus, daß sich Lukas, als ein bekannter Gefährte vom Paulus, der geschriebnen Aufsätze von den Reden und Begebenheiten Christi bedient hat, welche Paulus von den Aposteln, die um Christo gewesen waren, empfangen hatte.

§. 78.

Ein Umstand ist hiebei besonders auffallend, daß die Evangelisten Christum nichts anders sagen, und nur so viel sagen und so sagen lassen, als was und so viel er weislich, und wie er es weislich wirklich gesagt haben kann. Dieser Umstand zeuget von ihrer Treue bei Ueberlieferung der von Christo aufbehaltenen Reden und Unterredungen; aber er beweiset zugleich, daß sie uns nichts davon mittheilen, als was er wirklich gesagt haben kann, und sie also auch wirklich ihn sagen gehört haben können. Wir wollen uns dabei verweilen. Alles, was wir in den Christo zugeeigneten Reden und Unterredungen vorfinden, vereinigt sich auf eine gute nach der verderbten Sittenlehre der Pharisäer und Schriftgelehrten seinen unmittelbaren Zuhörern nöthige Moral; auf die Behauptung, daß er ein Gesandter Gottes und der Meßias sey; auf ihm abgenöthigte Vertheidigungen seiner Person und Lehre; und auf verschiedne seinen Jüngern

in

Die Wahrheit der evangelischen Geschichte. 105

in Ansehung ihres künftigen Amtes ertheilte, Anweisungen und Vorherverkündigungen. Aber er läßt es bei der allgemeinen Versicherung, daß er der Meßias sey, und erklärt seinen Zuhörern nirgends recht bestimmt und deutlich die Beschaffenheit seines damit habenden Amts und die Beschaffenheit des von Gott damit erwählten Begnadigungs- und Heiligungsmittels. Er läßt wohl hie und da ein Wort fallen, welches seine davon habende vollkommenste Erkenntniß beweiset. Z. E. daß er gekommen sey, sein Leben zu einer Bezahlung für die Menschen dahin zu geben *); und zuletzt redet er auch davon, daß sein Blut zur Vergebung der Sünde werde vergossen werden **). Aber er hat darüber so wenig aufgeklärt, daß die Jünger noch nach seiner Auferstehung einen mangelhaften jüdischen Begrif vom Meßias verrathen, wir hofften, er sollte Israel erlösen ***); und noch bei seiner Reise mit ihm zu seiner Himmelfarth die Frage aufwerfen, ob er nun das Israelitische Reich aufzurichten gesonnen sey? ****) Er macht noch schlechterdings nicht das Lehrgebäude von seinem Mittleramte, und von unserer sich darauf beziehenden Begnadigung und Heiligung, welches seine Apostel davon in ihren Briefen, und bereits in ihren in der Apostelgeschichte vorkommenden Reden machen. Es blickt davon in seinen Reden bei den Evangelisten so wenig

G 5

*) Matth. 20, 28.   **) Matth. 16, 28.
) Luk. 24, 21.   *) Apostg. 1, 6.

nig hervor, daß einige Widersacher des Christenthums in den Schriften des Neuen Testaments ein doppeltes Evangelium, ein Evangelium Christi, und ein Evangelium Pauli vorzufinden behaupten. Aber die Verfasser hatten doch zu der Zeit, da sie seine Geschichte schrieben, das ganze Lehrgebäude: die Bestimmung Christi zu einem Vermittler unserer Seligkeit: seinen Tod als einen versöhnenden Tod: und unsere Begnadigung und Heiligung durch den Glauben an seinen Tod. Wie kömmt es denn, daß sie Christum selbst darüber nichts, oder doch sogar wenig vortragen lassen? Daß sie den Inhalt seiner Reden und Unterredungen dergestalt abfassen, wie sie nach den Worten: ich habe euch noch viel zu sagen, aber ihr könnet es jetzt nicht tragen, abgefaßt seyn mußten? daß sie nirgends aus den Wundern und Begebenheiten Christi auch nur einige Schlüsse auf sein Mittleramt ziehen? Wie künstlich wissen sie ihre ganze davon doch nachmals und zur Zeit der Ausfertigung ihrer Geschichte gehabte Erkenntniß zu verheimlichen, und Christum nur in unbestimmten, allgemeinen, und größtentheils figürlichen Ausdrücken von seiner Sendung und dem zur Seligkeit nöthigen Glauben an ihn reden zu lassen? Blos historisch seine Leiden und seinen Ausgang nach denselben verkündigen, und nichts dogmatisches darüber weiter festsetzen zu lassen. Es fällt in die Augen, daß sie Christum nichts sagen lassen, als was er gesagt haben kann, und was sie ihn sagen gehört haben können: daß sie uns treulich ohne

einigen

einigen eigenen Zusatz, was sie von ihm gehört hatten, und was er also wirklich geredet hatte, überliefern.

§. 79.

Dieses in die Augen fallende Merkmal, daß sie nicht von ihnen selbst gemachte und erdachte, sondern wirklich geschehene und gehaltene Reden überliefern, treffen wir auch in den Reden anderer an, welche sie ihrer Geschichte einverleibt haben. Der Engel, welcher der Maria ihre Erwählung zur Mutter des Meßias bekannt machte, verkündigte ihr nicht, daß sie den Mittler und Seligmacher der Menschen zur Welt bringen werde, sondern eine Person, welche groß seyn, ein Sohn des Höchsten heissen, und den Stuhl Davids erhalten werde. Zacharias rühmt nicht in seinem Lobgesange, daß Gott nunmehro den verheissenen Mittler und Seligmacher zu offenbaren, sondern ein Horn des Heils in dem Hause Davids zu errichten, und seinem Volke eine Erlösung von seinen Feinden zu stiften im Begrif sey. Eben so wenig ist davon in dem Lobgesange der Maria etwas befindlich: und auch im Lobgesange Simeons nichts weiter, als eine im Jesaias befindliche Beschreibung des Meßias. Dem Joseph wird nicht die Bestimmung des Kindes, von welchem Maria schwanger sey, zu einem allgemeinen Mittler und Seligmacher der Menschen, sondern blos dis geoffenbaret, daß das Kind sein Volk von seinen Sünden, und das ist, den damit verschuldeten Uebeln erretten solle. Die Hirten werden bei seiner Geburt durf nicht aufgefordert, sich über die Geburt des Mittlers und Seligmachers der Menschen zu freuen, sondern euch ist heute der Heiland gebohren, welcher ist Christus der Herr. Und die morgenländischen Weisen erkundigen sich nicht nach dem nun endlich dargestellten allgemeinen Mittler und Seligmacher der Menschen; sondern wo ist der neugebohrne König der Juden. Und das Volk und die Jünger überall, wenn und so oft sie Ueberzeugungen von Christo ausdrücken, drücken sich darüber so aus, wie es nach ihren habenden Begriffen seyn konnte. Das Volk erkennt, daß ein großer Prophet aufgestanden sey; die Jünger, du bist Christus, der Sohn des lebendigen Gottes. Augenscheinlich ist alles den Begriffen angemessen, welche die redenden und die angeredeten Personen vom Meßias hatten, und haben konnten. Die Evangelisten flechten nicht das geringste von ihren bessern von ihm habenden Begriffen ein. Entweder es waren ungemein künstliche Leute, die so geschickt zu verbergen wußten, daß sie selbst alle die Reden und Unterredungen erdacht hatten, welche sie überliefern; oder sie überliefern uns lauter geschehene Reden und Unterredungen.

> Anmerkung. Aber woher hatte denn Lukas die ganzen Lobgesänge des Zacharias und der Maria? Hatten sie dieselben vom Pappiere abgelesen? und wie war das Pappier in seine Hände gekommen? Ich finde darin gar nichts unwahrscheinliches, sondern vielmehr der damaligen Gewohnheit der Gläubigen vollkommen gemäß, daß Zacharias und Maria, was sie zuerst in einer gewissen Begeiste-

Begeisterung viel umständlicher und wortreicher ausgesprochen, hernach in einen gewissen kürzern Lobgesang gebracht, solchen ins Gedächtniß gefaßt, und also für das lebhaftere Andenken der ihnen widerfahrnen Wohlthat gesorgt, und es mehrmals erneuert haben. Lukas aber kann beide von der Maria empfangen haben. Und wozu denn so viel Mittel, durch welche die Evangelisten sonderlich die von ihm aufgezeichneten Reden und Unterredungen Christi haben wissen und behalten können? War Christus ein göttlicher Religionslehrer: so mußte Gott auch wollen, daß das wesentlichste von seinen Lehren und Reden entweder durch ihn selbst oder durch seine Jünger fortgepflanzt würde. Und wollte er das; so fehlte es ihm auch nicht am Vermögen, ihnen solches auf mehr als Eine Weise möglich zu machen; und er sorgte gewiß dafür, daß die Lehren und Reden Christi richtig fortgepflanzt würden.

§. 80.

Es ist klar, daß ein Gefährte Jesu alles dasjenige genau von ihm erzählen und überliefern konnte, was in den Evangelien von ihm erzählt und überliefert wird. Und es ist doch möglich, daß die Verfasser derselben entweder selbst Gefährten von ihm gewesen sind, oder doch die Geschichte und Reden, welche sie von ihm mittheilen, von Gefährten von ihm gehabt haben. Die Kirche hat von je her zwei derselben, das vom Matthäus und das vom Johannes, zweien Gefährten Christi, und die beiden andern zweien Gefährten der Apostel zugeeignet. Und es ist höchst unwahrscheinlich, daß keiner von den Gefährten Christi die Geschichte desselben zu erhalten und fortzupflanzen Hand angelegt haben sollte. Wie sollte aber solches in der Kirche ganz untergegangen, und ein unächtes dafür ausgegebenes Wort an dessen statt aufgenommen und fortgepflanzt worden seyn? Aber nun zu unserm vierten Beweise, daß die Verfasser aufrichtige Leute waren, welche nichts erzählen wollten, als was sie wirklich gesehen und gehört, oder doch von Augenzeugen erkundet hatten. Hiebei kann es uns gleichgültig seyn, wer die Verfasser eigentlich gewesen sind. Es ist genug, daß sie den aufrichtigen Willen hatten, lauter geschehene Dinge zu erzählen, und wirklich lauter geschehene Dinge erzählt haben. Aber die Menge der dafür vorhandenen Beweisthümer ist so groß, daß wir uns nur auf einen Theil derselben einschränken müssen. Und der erste sey ihre aus ihrer ganzen Geschichte hervorleuchtende Frömmigkeit und Rechtschaffenheit! Sie müßten Bösewichter gewesen seyn, wenn sie die Welt vorsetzlich mit falschen Nachrichten von Christo hintergangen hätten. Und es ist unmöglich, daß sie dergleichen gewesen seyn sollten. Die ärgsten Widersacher müssen erkennen, daß die vier Evangelien die vortreflichste Tugendlehre und das vollkommenste Beispiel derselben enthalten. Die Lehre Christi ist der vortreflichste Unterricht von der Tugend, und sein Leben ist das vollkommenste Exempel zu derselben. Haben die Verfasser das eine und das andere erdichtet; so haben sie doch solches zur Empfehlung der Tugend gethan, und so haben sie doch solches

für

Die Wahrheit der evangelischen Geschichte.

für das vollkommenste Mittel gehalten, Achtung und Vertrauen gegen den Stifter des Christenthums zu befördern. Aber wie konnten sie denn von einem solchen Eifer belebt werden, die Tugend zu befördern, oder denjenigen der größten Hochachtung würdig halten, der Tugend unter den Menschen gelehrt und Tugend ausgeübt hatte, und doch dabei die Welt hintergehen, und einen Verführer für einen göttlichen Religionslehrer ausgeben? Und ihm zu dem Ende Begebenheiten, und Reden, und Thaten andichten, von welchen nichts bei ihm anzutreffen gewesen war? Und nicht nur legen sie ihm die schönste Tugendlehre in den Mund, und liefern uns fast lauter Moralien von ihm (selbst allen Belehrungen von seiner Person eingeflochten), sondern auch die mächtigsten Bewegungsgründe zur Tugend, von ihm bei aller Gelegenheit angewandt und eingeschärft: die ewigen Vergeltungen für Tugend und Laster. Es ist unmöglich, daß Leute, die die Tugend in dem Grade kannten, und solche Verpflichtungen zur Tugend erkannten, und so die Tugend zu befördern suchten, Betrüger gewesen seyn sollten. Und das waren sie doch, wenn sie der Kirche einen Roman für eine wirkliche Geschichte aufbanden.

Anmerkung. Sie kannten auch die Tugend der Aufrichtigkeit und Wahrhaftigkeit insbesondere. Sie legen nicht nur Christo in den Mund: aus dem Herzen kommen arge Gedanken, Mord, Ehebruch, falsche Zeugnisse *): und setzen

*) Matth. 15, 19.

Das dritte Hauptstück.

setzen also falsche Aussagen neben Mord und Ehebruch, lassen auch Christum den Satan für einen Lügner und Vater der Lügen erklären*), und den Menschen eine künftige Rechenschaft von jedem unnützen, vielmehr erlogenem Worte ankündigen **). Die Aufrichtigkeit ist eine recht hervorstechende Tugend in dem uns von ihnen gezeichneten Leben Jesu. Augenscheinlich handelten sie wider ihr Gewissen, wenn sie so böslich die Pflichten desselben verletzten.

§. 81.

Ein sehr redender Beweis für die Rechtschaffenheit und das gute Herz der Verfasser findet sich in dem Glimpfe, mit welchem sie der boshaftesten Feinde Christi in der Geschichte desselben schonen. Sie erzählen die Ungerechtigkeiten, welche sie an Christo verübten. Denn diese konnten sie nicht unerzählt lassen, wenn die Geschichte des Lebens und Leidens Christi nur einige Vollständigkeit erhalten sollte. Und sie theilen uns treulich die von Christo mit der Würde und dem Ernste eines Propheten und des Meßias wider sie ausgesprochnen Strafreden mit. Aber nirgends thun sie selbst auf diese Leute einigen Ausfall. Nirgends äussern sie in Ansehung derselben einigen eigenen Unwillen. Und zu der Zeit, da sie ihre Evangelien schrieben, hatte doch die Kirche gewiß bereits ein hartes von den ungläubigen Juden erlitten. Ohne die Tugend der Sanftmuth ist nicht zu erklären, daß sie so viel vortheilhafte Gelegenheiten,

*) Joh. 8, 44. **) Matth. 12, 36.

heiten, von diesen ältesten und bitterstenWidersachern des Christenthums das übelste zu sagen, ungebraucht lassen. Sie mußten große Meister von ihren Affekten, rechtschaffne Leute und Menschenfreunde seyn, daß sie nicht mehr um Nachtheil ihrer Verfolger, und der Verfolger ihres Herrn und Meisters sagten, als sie zu sagen durch den Zweck ihrer Geschichte genöthigt waren.

§. 82.

Die ganze Abfassung ihrer Geschichte liefert einen anderweitigen Beweis, daß sie nicht erdichten, sondern erzählen. Mit einer auffallenden Einfalt, ohne den geringsten Schmuck, erzählen sie, was sie gesehen und gehört haben konnten. Lazarus wird wieder lebendig; aber er erzählt nichts von dem Zwischenzustande, in welchem er sich befunden hatte. Der Jüngling zu Nain ersteht, wie Lazarus, auf Christi Wort vom Tode; aber weder vorher noch nachher weiter ein Wort. Zehen Aussätzige werden im Hingehen von ihrem Aussatze rein: und nur einer derselben beschließt Christo seine Dankbarkeit dafür zu bezeugen. Aber wir lesen nichts von den übrigen Neunen, und nichts weiter von diesem Zehenten. Die Verfasser berichten genau nur, was sie gesehen und gehört haben konnten. Die Neugierde wünschte noch allerlei von den geheilten oder gar vom Tode wieder hergestellten Leuten zu wissen. Der Dichter würde sie gewiß befriedigt haben. Der Geschichtschreiber konnte es nicht thun. Die Verfasser halten sich

sich so genau blos an dasjenige, was sie sagen und erzählen konnten, daß sie auch nirgends einmal ihr Urtheil über die erzählten Begebenheiten sagen. Sie sagen nirgends: darauf that Gott dies oder jenes Wunder. Sie erzählen blos die Begebenheit: daß man einen an allen Gliedern gelähmten Menschen zu Christo brachte, und, daß er auf das Wort Christi gesund ward. Das hatten sie gesehen und konnten sie gesehen haben. Daß solches durch eine Wirkung der Allmacht geschehen sey, hatten sie nicht gesehen. Christus erklärte sich von Zeit zu Zeit darüber: und das erzählen sie. Aber sie selbst urtheilen nirgends. Es fällt in die Augen, daß es redliche Leute waren, die nichts schreiben wollten, als was sie mit Zuverläßigkeit schreiben konnten.

§. 83.

Zur Einfalt ihrer Erzählung gehört, daß sie blos erzählen. Nirgends verrathen sie die geringste Absicht, ihre Leser in Erstaunen zu setzen. Sie begnügen sich mit der blossen Begebenheit, und überlassen solcher, ihre Wirkung zu thun. Und nirgends verrathen sie einigen Enthusiasmus für ihren Helden. Sie gedenken mehrmals der Verwunderung, welche seine Wunder hervorbrachten. Es wäre widernatürlich gewesen, wenn so außerordentliche Begebenheiten dergleichen nicht hervorgebracht haben sollten: und die Meldung der Folgen gehörte zur Vollständigkeit der erzählten Wunder. Aber nie brechen sie selbst in eine Verwunderung, weder

über

Die Wahrheit der evangelischen Geschichte. 115

über die von Christo in seinen Reden gezeugte Weisheit, noch über seine durch seine Wunder bewiesene Allmacht, noch über seine durchgängig bewiesene Tugend aus. Sie thun nichts weiter, als daß sie erzählen. Augenscheinlich war bei ihnen nichts weiter, als das Gedächtniß wirksam, mit Hülfe dessen sie, was sie gesehen und gehört hatten, wieder hervorbrachten. Wenn bei ihnen auch Einbildungskraft und Dichtungsvermögen geschäftig gewesen wären; so würde die Erzählung anders ausgefallen seyn. Sie würden mit einer ganz andern Lebhaftigkeit, Ausführlichkeit und Begeisterung erzählt, und den Zweck, Bewunderung entweder der Person oder der Thaten Christi hervorzubringen, überall viel merklicher machen.

Anmerkung. Entweder ihr Zweck war, Erstaunen über ihren Helden, oder Erstaunen über seine Thaten und Begebenheiten hervorzubringen. Im erstern Falle ließen sie es unausbleiblich nicht darauf ankommen, ob die Leser von selbst durch seine Reden und Thaten bewegt werden dürften, ihn zu bewundern; sondern wandten ohnfehlbar die erzählten Dinge auf ihn an. Im andern Falle aber begnügten sie sich gewiß nicht, blos erzählt zu haben, sondern richteten ohnfehlbar die Aufmerksamkeit der Leser auf das ausserordentliche in den gemeldeten Begebenheiten.

§. 84.

Diese Kaltblütigkeit der Evangelisten bei ihren Erzählungen leitet mich noch zu einer andern Bemerkung. Es ist dieselbe wohl zu erklären, wenn sie lauter Dinge

H 2 erzählen,

erzählen, die sie vorhin oft und mehrmals erzählt, oder erzählen gehört haben. Und wohl zu erklären, wenn also das darin enthaltne ausserordentliche für sie nicht mehr auffallend war. Aber wenn sie sich so ausserordentliche Dinge, und eine so ausserordentliche Person zuerst unter dem Schreiben gedachten: so mußte ihre Einbildungskraft erhitzt seyn, und dem Leser davon schlechterdings etwas merklich werden. Diese Kaltblütigkeit in ihren Erzählungen ist nur zu erklären, wenn sie vorhin bekannte Dinge erzählen. Und damit verknüpfe ich sogleich noch einen andern Umstand. Sie thun nichts, um ihre Erzählungen glaubhaft zu machen. Sie nennen die Personen, Orte und Gegenden, wo und bei welchen die Dinge vorgenommen seyn sollen. Aber so, daß man blos sieht, daß sie wirklich geschehene Dinge erzählen, und nicht besorgen, daß man sie von Seiten der genannten Personen, oder Orte, oder Gegenden werde eines Betruges überführen können. Im übrigen thun sie gar nichts hinzu, ihre Berichte glaubwürdig zu machen. Man sieht offenbar, daß sie damals bekannte und von den Lesern erkannte Begebenheiten erzählten, die sie nur der Vergessenheit entreissen wollen, und daß sie nicht den geringsten Widerspruch besorgten. Nirgends begegnen sie einem möglichen Zweifel; oder finden auch nur nöthig, zu entdecken, woher sie ihre Nachrichten hatten: Matthäus erzählt die Verklärung Christi auf dem Berge, ohne zu melden, daß Petrus oder Johannes die Begebenheit

nachmals

nachmals erzählt hatten: und die Geschichte mit der Wache in dem Grabe Christi, ohne beizufügen, wie dieselbe ihm oder den Jüngern überhaupt bekannt geworden sey. Man sieht klar, daß sie sich ihrer guten Sache bewußt, und des Vertrauens ihrer Leser zu ihrer Redlichkeit versichert waren. Sagte ihnen ihr Gewissen, daß sie lögen, und sie wollten doch, daß man ihre Lügen glauben sollte; so wandten sie unausbleiblich allerlei an, die Leser von der Wahrheit derselben zu überreden.

Anmerkung. Lukas meldet bei dem Anfange seiner Geschichte, daß er alles von denjenigen erkundet habe, welche vom Anfange her Diener des Worts gewesen waren: weil er doch, da er nicht selbst ein Gefährte Christi, und also kein Augenzeuge gewesen war, seine Quellen nennen mußte. Aber er läßt es hierauf nicht nur bei dieser ein für allemal geschehenen Anzeige derselben; sondern er findet auch gar nicht nöthig, in der Folge bestimmter und namentlicher anzugeben, von wem er dieses und jenes z. E. über die Geburt und Kindheit Christi, oder in Ansehung der Gleichnißreden und Wunder Christi, die bei keinem andern Evangelisten vorkommen, hatte. Bei dem geringsten Bewußtseyn, daß er erdichtete, würde er gewiß dergleichen dazu erdichtet haben, um seine Erdichtung wahrscheinlich zu machen. Johannes beruft sich ein einziges mal darauf, was er von der Durchstechung der Seite Christi am Kreuz meldet, selbst gesehen zu haben *): weil der Umstand für den Glauben vorzüglich wichtig, und der Anstoß möglich war, ob auch Jemand,

---

*) Joh. 19, 35.

mand, von dem solches die Kirche glaubwürdig erfahren können, bis zur Abnehmung Christi vom Kreuz dabei gegenwärtig geblieben seyn dürfte. Aber übrigens findet weder er noch Matthäus weiter nöthig, den Lesern zu sagen, woher sie ihnen die Sachen richtig zu sagen geschickt, und daß sie als Augenzeugen dazu geschickt wären. Sie finden nicht einmal nöthig, sich irgendwo in ihren Geschichtbüchern zu nennen, und den Lesern als Augenzeugen der erzählten Begebenheiten bekannt zu machen. Blos die Kirche, welcher die Verfasser wohl bekannt waren, hat uns ihre Namen überliefert. Und dieser Umstand ist beiläufig kein zu verachtender Beweis, daß ihre Geschichtbücher nicht von irgend Jemande unter ihrem Namen untergeschoben worden sind. Der Betrüger würde gewiß nicht ermangelt haben, sich ausdrücklich für einen Gefährten Christi auszugeben und durchgängig in der Person desselben zu reden. Die Verfasser erzählen, ohne nur einmal den Lesern zu sagen, daß sie erzählen oder wer erzähle. Die Nachricht Johannes 21, 24. welche man mir entgegen stellen könnte, rührt wahrscheinlich nicht von Johannes selbst her, sondern ist ein Zusatz zu seinem mit dem vorigen Kapitel bereits beschlossenen Evangelium.

§. 85.

Und das ist doch noch nicht alles, was wir in der Abfassung der Evangelien für die Aufrichtigkeit und Glaubwürdigkeit der Verfasser antreffen. Ein Betrüger würde ohnstreitig sowohl eine vollständige als zierliche Lebensbeschreibung von Christo gemacht haben. Die Evangelisten machen weder das eine noch das andere. Ihre Geschichtbücher sind eine bloße Sammlung
merkwür-

merkwürdiger Reden, Begebenheiten und Thaten Christi, aus welchen nur eine sehr unvollständige Lebensgeschichte Christi zusammengesetzt werden kann. Und selbst Lukas, der dergleichen sich vorgesetzt hatte, befand sich, weil er nicht erdichten wollte, wie wir bereits angemerkt haben, nicht im Stande, diesen Vorsatz auszuführen. Er liefert uns, die Geschichte der Geburt Christi ausgenommen, darüber er von der Maria etwas umständlichers empfangen zu haben scheint, wie die übrigen Evangelisten, eine bloße unzusammenhängende Sammlung von Wundern, Reden und Begebenheiten Christi. Jede einzelne von ihm und den andern Evangelisten aufbehaltene Rede und Begebenheit oder Handlung Christi ist, für sich betrachtet merkwürdig, und bei aller Kürze wohl und hinlänglich erzählt; aber das Ganze ist keine ordentliche Geschichte. Da sind nicht nur wichtige Lücken z. E. von dem ersten Jahre des Lehramts Christi; sondern das meiste ist ohne Beobachtung der Zeitfolge, nach den Regeln der Einbildungskraft, und häufig nach einer bloßen Aehulichkeit zusammengetragen. Schrieben die Evangelisten aus dem Gedächtniße, was sie wirklich gesehen, gehört und behalten hatten; so konnte es nicht vollständiger, ordentlicher und zusammenhängender ausfallen. Aber war ihr Plan, eine erdichtete Lebensgeschichte zu liefern: was hinderte sie denn, umständlicher, genauer und ordentlicher zu seyn? Matthäus meldet oft unbestimmt, daß Christus zu der oder jener Zeit, an diesem oder jenem Orte,

Orte, mehrere wunderthätige Heilungen verrichtet oder vieles geredet habe. Das ist recht so, wie er sich der Sachen im Ganzen genommen, erinnern mußte, ohne sich derselben genauer und stückweise erinnern zu können. Kam es nur auf Erfindungen an; so waren überall bestimmtere Wunder und Reden darzu zu erfinden.

Anmerkung. Wenn wir die vier Evangelien nach ihrer ganzen Abfassung und Art zu erzählen betrachten; so setzen die Verfasser offenbar Christum in denselben als bereits bei ihren Lesern bekannt und von ihren Lesern geglaubt voraus. Der einzige Lukas setzt dem seinigen einige Anzeige seines Vorhabens vor. Die übrigen sind, so zu reden, gleich in der Geschichte, ohne nöthig zu finden, den Lesern vorher bekannt zu machen, wessen Geschichte sie liefern wollten, und zu was für einem Endzwecke sie solche liefern wollten. Sie sind fast sämtlich sogleich bei seinem Lehramte: und man sieht klar, daß sie nicht nöthig finden, ihren Lesern erst die Person bekannt zu machen, deren Merkwürdigkeit sie schreiben, und daß blos ihre Absicht war, die richtige Aufbehaltung der merkwürdigsten Reden, Begebenheiten und Handlungen Christi zu besorgen.

§. 86.

Und die Kürze, mit welcher sie, die letzten Begebenheiten und Reden Christi ausgenommen, alles erzählen. Und dabei doch zugleich eine solche Menge und Mannigfaltigkeit von Sachen. Schrieben die Verfasser aus dem Gedächtniß, was sie wirklich gesehen, gehört und wohl behalten hatten, und wollten sie redlich nicht mehr schreiben als sie wohl behalten hatten: so

konnten

Die Wahrheit der evangelischen Geschichte.

konnten sie nicht anders als kurz werden. Aber wenn sie dichteten, konnten sie so umständlich werden, als es ihnen nur zu werden beliebte. Und ohnfehlbar schrieben sie eher weniger Begebenheiten und Reden Christi, und solche ausführlich, als so viele derselben kurz. Und zuverläßig erzählten sie nicht von ihm mehrere einander ähnliche Wunder und mehrmalige Vorträge von Einer Sache. Sie ließen ihn nicht mehrere Aussätzige zu verschiednen Zeiten von ihrem Aussatze befreien; oder ihn den Unterricht über die Ehescheidung zweimal ertheilen *). Zuverläßig fanden sie Ein Wunder von jeder Art, und den einmaligen Vortrag von einer Sache zu ihrem Endzwecke hinlänglich. Aber nach dem Leben ist es recht, daß, nachdem Christus Einen Aussätzigen geheilt hatte, mehrere Aussätzige diese Wohlthat von ihm begehrten, und daß er sich in seinem dreijährigen Lehramte veranlaßt befunden haben muß, einerlei Sache mehrmals vorzutragen. Auch die große Mannigfaltigkeit von Verbindungen, in welchen sich Christus befunden haben soll, und daher die große Mannigfaltigkeit von Reden und Handlungen desselben, ist nach dem Leben. Es ist eine Mannigfaltigkeit, die bei der Art und Einrichtung seines Lehramtes nicht unterbleiben konnte. Aber den Betrüger möchte ich sehen, der ihm eine solche Mannigfaltigkeit von Begebenheiten, Reden und Handlungen hätte andichten, und bei jeder derselben alles so

*) Matth. 5, 31. 32. und Cap. 19, 7 ₋ 9.

seinem einmaligen Charakter und seiner Bestimmung gemäß ihm hätte andichten können.

Anmerkung. Auch die augenscheinliche Ungleichheit in den erzählten Begebenheiten, Reden und Thaten Christi ist ein andringender Beweis, daß die Verfasser aus dem Gedächtnisse wirklich geschehene Dinge erzählen, und sich bei ihrer Erzählung nichts erlauben, als was ihnen ihr Gedächtnis wirklich darstellte. Natürlich mußten sie von dem einen mehr oder weniger als von dem andern behalten haben, und daher von dem einen mehr oder weniger erzählen können als von dem andern.

§. 87.

Alles ist nach dem Leben; und alles redet dafür, daß die Verfasser der vier Evangelien treu und gewissenhaft nichts erzählen, als was sie genau wußten, und lauter wirklich geschehene Dinge erzählen. Es ist noch ein Beweis dafür übrig, der zu auffallend ist, als daß er irgend Jemande bei Betrachtung ihrer Geschichtbücher entgangen seyn sollte. Sie theilen aufrichtig auch dasjenige von ihrem Helden mit, was demselben nachtheilig werden konnte: seine niedrige Herkunft, seine schlechte Erziehung: die Dunkelheit, in welcher er bis zum Antritte seines Lehramtes gelebt hatte: seine bis dahin getriebene armselige Lebensart: seine beständige Armuth und Verachtung: den wenigen Glauben, welchen er gefunden. Wir haben bereits angemerkt, daß in einem Romane, sonderlich in einem Romane von einem Juden, welcher das Leben des Meßias schreiben wollen,

wollen, der ganze Zustand Christi anders abgebildet seyn würde. Man durfte gar nicht den ganzen jüdischen fleischlichen Begrif vom Meßias haben, um es bedenklich zu finden, den Sohn eines Zimmermannes, und selbst Zimmermann, als einen Sohn Gottes, Herzog der Seligkeit, und König der Menschen vorzustellen. Die Vorstellung mußte einem jeden gemeinen Verstande an das abgeschmackte zu grenzen scheinen. Und wenn den Evangelisten nicht die Wahrheit heilig gewesen wäre, so würden sie wenigstens diese Umstände von ihm verschwiegen haben. Und wenn sie nicht der Kirche Aufschlüsse über die Absichten dieser gesamten Niedrigkeit zugetraut hätten, so würden sie solche verschwiegen haben. Aber sie erzählen uns auch aufrichtig verschiedne Handlungen Christi, welche einer Rettung zu bedürfen scheinen: mehrmalige Aeusserungen von Unwillen, welche der ihm zugeeigneten Sanftmuth und Menschenliebe zu widersprechen scheinen: mehrmalige Verbote der Bekanntmachung seiner Wunder: selbst Gebote, nicht bekannt zu machen, daß er der Meßias sey: die Härte gegen das Cananäische Weib: die anscheinende Ungerechtigkeit gegen die Eigenthümer der Heerde Säue: sein Verhalten gegen die Ehebrecherin: den Einzug in Jerusalem: die Austreibung der Käufer und Verkäufer aus dem Tempel: die Kleinmüthigkeit, welche ihn bei dem Antritte seiner Leiden zu überfallen schien: die unterlassene pflichtmäßige Vorsorge für seine Erhaltung. Alles dieses ist nun sehr wohl zu retten: und in allen diesem ist nach genauerer

nauerer Untersuchung Weisheit und Tugend zu entdecken. Und alles ist auch nach dem Leben. Aber zuverläßig kam es nicht in eine erdichtete Lebensgeschichte Christi, die bestimmt war, die Leser mit lauter Ehrfurcht und Vertrauen gegen Jesum zu erfüllen, ihnen ein vollkommnes Beispiel von Weisheit und Tugend aufzustellen. Es gehörte ein sehr feiner Verstand dazu, diese Dinge für dazu nützlich zu erkennen. Und wenn den Evangelisten nicht die Wahrheit heilig gewesen wäre; so würden sie solche ohnfehlbar unterdrückt haben.

§. 88.

Und wenn sie das Vertrauen zu der Kirche hegten, daß sie alle diese dem Ansehen nach einer Rettung bedürfende Handlungen Christi gehörig beurtheilen, und seiner Person und Sendung anständig finden würde: was nöthigte sie denn, auch den getreuen Abriß von der schlechten Herkunft und ehemaligen Lebensart seiner Jünger nicht nur, sondern auch ihrer Vorurtheile, Schwachheiten und Zänkereien zu liefern? Die Kirche nicht nur auf immer von ihrem ehemaligen verächtlichen Zustande zu unterrichten; sondern auch eine Menge Handlungen und Fehltritte von ihnen zu entdecken, welche kaum zu entschuldigen sind. Entweder sie waren selbst aus der Zahl dieser Jünger: und so kann doch kein stärkerer Beweis ihrer Aufrichtigkeit verlangt werden, als daß sie selbst so viel Dinge treulich erzählen, welche ihnen und ihren Mitaposteln schlechterdings nicht rühmlich waren; oder die Kirche hat diese Geschichtbücher

cher ohne hinreichenden Grund selbst einigen Gefährten und Jüngern Christi zugeeignet. Nehmen wir diß an; so müssen zuvörderst die Verfasser, die sonst so viel Geschicklichkeit, alles aufs glaubwürdigste und zweckmäßigste zu erzählen zeigen, ihre Absicht ganz aus den Augen verloren haben, da sie so wenig der Männer in ihrer Geschichte schonen, durch welche eigentlich die Stiftung der christlichen Kirche geschehen ist, und so wenig für die Hochachtung derselben bei der Kirche sorgen. In so fern würden sie mit der Treuherzigkeit, mit welcher sie alles von ihnen erzählen, eine grosse Einfalt verrathen. Hiernächst aber konnten wir auf der andern Seite eine rechte Meisterhand in den von ihnen gezeichneten Charakteren nicht verkennen. Alles ist doch wahrhaftig nach dem Leben. Bei der Verachtung und Niedrigkeit, in welcher Christus auf Erden wandelte, wäre es sehr unschicklich gewesen, wenn ihn seine Geschichte als überall von einem Dutzend gelehrter und vornehmer Leute begleitet vorstellte: und es entschloß sich Niemand, ein Gefährte seiner Widerwärtigkeiten und Erniedrigungen zu werden; oder es war dergleichen nur von Leuten solcher Herkunft, Lebensart und Gewohnung zur Beschwerlichkeit und Verachtung zu erwarten. Und nur von solchen Leuten solcher Herkunft, Erziehung und vormaligen Lebensart waren alle diese Vorurtheile und Schwachheiten nicht zu trennen.

§. 89.

Die Wahrheit der evangelischen Geschichte. 123

Das dritte Hauptstück.

§. 89.

Alles redet dafür, daß die vier Evangelien eine wahre Geschichte sind. Die Verfasser erzählen genau was sie wissen und erzählen konnten: und alles zeuget von der Gewissenhaftigkeit, mit welcher sie alles, so wie sie es wußten, erzählen. Und wenn die Geschichte Christi auch nur einen einzigen solchen Zeugen für sich hätte; so wäre sie eine höchst glaubwürdige Geschichte (§ 61.). Aber es sind vier von einander wahrhaftig unterschiedne Zeugen, welche sie für sich hat, und bei deren jedem wir alle gesammlete Merkmale der Glaubwürdigkeit vorfinden. Das ist unser fünfter Beweis (§. 61.). Und wenn auch Markus, wie bei Vergleichung seiner Geschichte mit der vom Matthäus kaum verkannt werden kann, den Matthäus vor sich hatte; so hat er doch gar nicht den Matthäus bloß ins Kurze gebracht. Er erzählt die Sachen in einer andern Ordnung. Das Wunder an dem Menschen mit der verdorreten Hand, z. E. vor der von Christo geschehenen Erwählung der Apostel. Da es Matthäus hinter derselben erzählt *). Das Wunder an dem Besessenen in der Gegend von Gadara an einem ganz andern Orte als Matthäus **). Er bindet sich auch übrigens nicht an den Matthäus. Nach demselben hat Christus zwei

Beses-

---

*) Marc. 3, 1. vergl. mit v. 14. und Matth. 12, 10. vergl. mit C. 10, 1.

**) Matth. 12, 10. vergl. mit Marc. 3, 4.

Besessene daselbst geheilet; Er gedenkt nur Eines Geheilten. Er nennt Gadara, Matthäus Gergesa. Nach dem Matthäus frugen die Pharisäer Christum, ob es am Sabbathe zu heilen erlaubt sey, nach dem Markus frug Christus sie *). Da er sich nun also gar nicht sclavisch an den Matthäus bindet: woher kömmt es denn, daß er gleichwohl so wenig oder gar nichts zu demselben hinzu thut? Er muß sich auf keine Weise die Freiheit erlaubt haben, in seiner Geschichte zu erdichten. Es wären die schlechtesten Fähigkeiten hinreichend gewesen, um ähnliche Dinge darzu zu dichten. Also muß ihn die Wahrheitsliebe daran gehindert haben, er aber auch alles, was Matthäus hatte, für wahr erkannt haben. Lukas ist offenbar ein anderer als Matthäus. Er widerspricht dem Ansehen nach dem Matthäus an so vielen Orten, daß er von diesem kaum gewußt zu haben scheint, vielweniger er mit ihm eine Person seyn kann. Wie ist es denn nun zu erklären, daß uns doch beide Evangelisten augenscheinlich das Leben von einer und derselben Person liefern? Und daß wir auch in allen demjenigen, was dem Lukas eigen ist, dieselbe Lehrart, dieselben Absichten und denselben Geist Christi vorfinden, welchen wir überall im Matthäus vorfinden? Es hätte wirklich eine ausserordentliche Geschicklichkeit darzu gehört, in so vielerlei darzu erdichteten Geschichten, Reden und Handlungen Christi die genaueste

*) Marc. 5, 1. vergl. mit Matth. 8, 28.

naueste Uebereinstimmung Christi mit ihm selbst zu beobachten, und solche so wenig in demjenigen, was er eignes, als was er mit Matthäo gemein hatte, auf keine Weise zu verletzen. Nur wenn beide Evangelisten Eine wahre Geschichte für sich hatten, ist alles wohl zu zu erklären.

§. 90.

Bei der geringsten Vergleichung des Johannes mit den übrigen Evangelisten fällt in die Augen, daß sein Evangelium wenigstens einen andern Urheber haben muß, als die übrigen. Da sind nicht nur andere Begebenheiten, Reden und Handlungen Christi; sondern die ganze Art zu erzählen ist anders. Matthäus, Markus und Lukas erzählen eine Mannigfaltigkeit von Sachen mit dem offenbaren Vorsatze möglichster Kürze; Johannes erzählt wenige derselben, aber mit einer andern Umständlichkeit und Ausführlichkeit. Selbst die gewählten Worte und Ausdrücke sind andere. Wie ist es denn nun zu erklären, daß Johannes oder wer der Verfasser seines Evangeliums gewesen seyn mag, uns doch wieder dieselbe Person, dieselbe Lehre, denselben Charakter liefert, welchen die übrigen liefern? Und das ist, da er uns einen ganz andern Theil vom Lehramte Christi liefert nemlich sein Lehramt in Jerusalem, da die übrigen dasselbe ausserhalb Jerusalem erzählen, daß sich doch alles dergestalt zusammenpaßt? daß beiderlei Geschichte, so durchgängig zusammengefügt werden können? Daß das Lehramt Christi in Galiläa, das Lehramt amit desselben in Judäa und Jerusalem, und dieses jenes nicht nur nicht aufhebt, sondern selbst voraussetzt? Die letzten Reden mit den Jüngern, welche Johannes hat, nicht die letzten Reden im Tempel, welche die andern Evangelisten haben, und diese nicht jene aufheben? Wenn er denselben Theil vom Leben Jesu beschrieb, welchen die übrigen beschrieben haben; so war eine mittelmäßige Vorsichtigkeit hinlänglich, Widerspruch zu verhüten. Aber und wenn er die übrigen Evangelisten vor sich hatte; so gehörte eine fast unglaubliche Kunst darzu, einen andern Theil vom Leben Jesu dergestalt zu machen, daß er sich durchgängig zu dem von ihnen gemachten paßte. Schreiben sie sämtlich eine wirkliche Geschichte; so mochte der eine dis und der andere jenes aus derselben schreiben: es mußte doch endlich alles beisammen seyn können, weil es wirklich beisammen gewesen war.

Anmerkung. Johannes hat offenbar sein Evangelium zunächst für Heiden geschrieben. Er findet nöthig, die hebräischen Namen zu übersetzen, und von dem Hasse der Juden gegen die Samariter Nachricht zu geben. Da er nun andere Leser hatte, als Matthäus, der offenbar für bekehrte Juden geschrieben hat: so hatte er bei seinen Lesern nichts zu besorgen, wenn er ihm auch in manchen Dingen widersprach.

§. 91.

Wir haben also wirklich vier von einander unterschiedne Geschichtschreiber vom Leben Jesu. Und augenscheinlich liefern alle viere eine und dieselbe Geschichte.

J Nach

Das dritte Hauptstück.

Nach allen vieren war Jesus eine ganz ausserordentliche Person, hatte nach einer wunderthätigen Zeugung bis zu erreichten dreißigsten Jahre in der Dunkelheit gelebt, trat hierauf öffentlich hervor, erfüllte von zwölf Jüngern begleitet Galiläam und Judäam mit seiner Lehre und mit seinen Wundern, zog sich damit den Haß der Schriftgelehrten zu, ward auf Begehren derselben unter Pilato gekreuzigt, am dritten Tage darauf wieder auferweckt, und einige Wochen nachher vom Erdboden hinweggenommen. War das nun nicht wirkliche Geschichte sondern Roman: wie geht es denn zu, daß alle viere uns einerlei Roman von ihm machen? Wie sollten denn vier Leute ihm einerlei Begebenheiten, einerlei Lehre, einerlei Wunder zum Beweise derselben, und einerlei Verhalten überall angedichtet haben? Und wenn hundert Leute eine wirkliche Geschichte schreiben; so muß es, wenn sie dieselbe richtig schreiben, überall dieselbe Geschichte seyn. Aber zuverläßig stimmen nicht zwei Leute überein, wenn sie sich die Freiheit verstatten, zu dichten, anstatt zu erzählen. Wollte man auch sagen, daß zuerst Einer das Leben Jesu nach seinem Gutdünken gemacht habe, und hierauf die übrigen demselben gefolgt wären: wie geht es denn zu, daß wir doch auch in demjenigen, was ein jeder hinzufügte oder ihm eignes hatte, augenscheinlich dieselbe Person, dieselbe Lehre, und durchgängig dieselben Charaktere, vom Volke, von den Jüngern, von den Hohenpriestern, und von andern hineinkommenden Personen antreffen? Daß auch Christus

Die Wahrheit der evangelischen Geschichte. 131

stus selbst im Johannes, der ihn uns größtentheils in ganz andern Verbindungen schildert, eben derselbe ist, der er in den übrigen Evangelisten ist? Daß Christus im Johannes nicht nur sowohl eine Mutter hat, der doch blos seine göttliche Ankunft vorgestellt hatte *), als in den übrigen Evangelisten; sondern auch im übrigen in Judäa, auf den Festen zu Jerusalem, in seinen Lehren, Lehrarten, Handlungen und Schicksalen derselbe ist, der er in Galiläa und auf seinen Reisen durch Judäa und Galiläa war? Nein, so wäre die Sache wahrhaftig nicht ausgefallen, wenn die Evangelisten nicht erzählt, sondern erdichtet hätten. Der Eine würde unausbleiblich dieses, und der andere etwas anders zur Empfehlung seines Helden für dienlich erachtet, der Eine ihn mit Armuth und Verachtung, und der andere ihn mit Macht und Ehre bekleidet haben. Sie liefern uns eine wahre Geschichte: und darum einerlei Geschichte. Und jeder von ihnen einzeln genommen, zeigt sich uns in seiner Geschichte als einen frommen und gewissenhaften Geschichtschreiber. Zuvörderst als einen frommen von keiner andern Absicht, als Glauben und Tugend zu befördern, belebten Mann: durch die Wahl der Sachen, welche er erzählt: durch die Tugendlehren, die er Christo in den Mund legt: durch das nachahmungswürdigste Beispiel der Tugend, zu welchem er Christum erhebt: und durch die Sanftmuth, mit welcher

*) Joh. 2, 1. Cap. 19, 25.

cher er der boshaftesten Widersacher Christi und seine Kirche schont. Und hienächst als einen gewissenhaften Geschichtschreiber, durch die durchgängige Einschränkung auf lauter Dinge, die er erzählen konnte, die er selbst gesehen oder gehört, oder von Augenzeugen empfangen haben konnte: durch die Einfalt, in welcher er alles ungeschmückt erzählt: und durch das überall hervorleuchtende Bewußtseyn, daß er lauter unwidersprechlich wahre Dinge erzähle, zu deren Glaubhaftigkeit er nichts hinzuzufügen nöthig fand. Es ist unmöglich, daß eine Geschichte, welche vier so glaubwürdige Zeugen für sich hat, keine wahre Geschichte seyn sollte.

§. 92.

Lasset uns zu dem Grundrisse des geführten Beweises zurückkehren! Wenn nicht der geringste tüchtige Grund vorhanden ist, die Geschichte der Evangelisten für eine erdichtete Geschichte zu halten; und dagegen dieselbe alle Merkmale einer wahren oder wirklichen Geschichte hat: so wäre es so widersinnig als ungewöhnlich, wenn wir gleichwohl die Wahrheit derselben in Zweifel ziehen wollten (§. 44.). Nun ist aber das eine und das andere erwiesen worden. Zuvörderst das erste. Selbst die Nachläßigkeiten, Ungleichheiten, Scheinwidersprüche, und andere Mängel, welche wir in den Erzählungen der Evangelisten antreffen, erweisen klärlich, daß sie aus dem Gedächtniß erzählen. In einer erdichteten Geschichte würde alles viel ordentlicher,
voll-

vollſtändiger, zuſammenhängender, zierlicher, und, wenn einer den andern ausgeſchrieben hätte, viel übereinſtimmiger geworden ſeyn. Erzählen ſie aber aus dem Gedächtniſſe: ſo erzählen ſie lauter geſchehene Dinge, die ſie wirklich geſehen, und gehört hatten. Und hiernächſt auch das andere. Die Evangeliſten konnten und wollten alles, was ſie erzählen, der Weisheit gemäs erzählen. Alſo haben ſie es auch ohnfehlbar der Wahrheit gemäs erzählt. Andere Merkmale für die Gewisheit geſchehener Dinge giebt es nicht, als die Glaubwürdigkeit der Zeugen. Und in keinem Falle erfordern wir dazu mehr, als daß die Zeugen konnten und wollten die Wahrheit bezeugen. Was ſollte uns denn nun zu dem ganz ungewöhnlichen Verhalten bewegen, oder berechtigen, der evangeliſchen Geſchichte den Glauben zu verſagen, nach dem die Zeugen allen Glauben verdienen? Etwa, daß es doch eine Geſchichte von wunderbaren und auſſerordentlichen Dingen iſt, die gar nicht ihres gleichen hat? Dergleichen ſollte und mußte es auch ſeyn. Oder daß die Verfaſſer nach ihren eignen von ſich gemachten Abbildungen geringe, einfältige und daher leichtgläubige Leute waren? Auf die letzte Weiſe erſcheinen ſie uns nirgends in ihrer Geſchichte; aber ſo groß auch ihre Leichtgläubigkeit ſeyn mochte, ſo konnten ſie ſich doch nicht einbilden, geſehen und gehört zu haben, was ſie wirklich nicht geſehen und nicht gehört hatten. Wir haben geſehen, wie auch alle ſcheinbare Einwürfe und

Anſtöße

Anstöße gegen die Wahrheit dieser Geschichte bei einigem Nachdenken darüber verschwinden. Also wäre es so strafbar als widersinnig, wenn wir der Ueberzeugung, daß es eine wahre Geschichte ist, widerstehen wollten.

Das vierte Hauptstück.
Beantwortung der Einwürfe.
§. 93.

Es geht auch gar nicht an, daß wir die Wahrheit oder Falschheit dieser Geschichte unentschieden lassen wollten. Ist diese Geschichte wahr, so ist, wie im ersten Hauptstück gezeigt worden ist (§. 19=22.), die christliche Religion wahr. Und die Wahrheit dieser Geschichte ununtersucht oder unentschieden lassen, das wäre gerade eben so viel, als die Wahrheit der christlichen Religion ununtersucht und unentschieden lassen. Und das hieße, die strafbarste Treulosigkeit gegen sich selbst und gegen sein Gewissen ausüben. Die Wahrheit der christlichen Religion ununtersucht lassen, das wäre so viel, als die Frage, ob Gott uns Sünder begnadigen, und die Frage, ob er uns im Tode vernichten oder in einen Stand der Vergeltungen einführen werde, ununtersucht lassen. Denn die christliche Religion verheißt das eine und das andere; und ohne Verheissungen darüber war keine Gewißheit

Beantwortung der Einwürfe.

wisheit darüber möglich. Das aber wäre nicht nur gröber Undank gegen die göttlichen darüber ertheilten Verheissungen, sondern auch äusserste Gedankenlosigkeit und Gleichgültigkeit gegen die wichtigsten Beruhigungen im Leben und Sterben. Und die Wahrheit der christlichen Religion ununtersucht und unentschieden lassen, das wäre so viel, als die göttliche Verpflichtung zu der in derselben vorgeschriebenen Tugend ununtersucht und unentschieden lassen. Es ist wahr, daß wir dieselbe größtentheils auch ohnedem der Ruhe unsers Lebens und der Sorge für unser wahres Wohl schuldig seyn würden. Aber die Pflicht, an Jesum Christum zu glauben, unsere Begnadigung und Seligkeit aus seinem Erlösungswerke zu erwarten, und ihn als den Vermittler derselben zu verehren, würde doch ohnedem nicht seyn. Und könnten wir, denen der Wille Gottes darüber bekannt geworden ist, auch nur diese Pflicht ohne Gefahr für unsere Seligkeit zurücklassen? Der göttliche Stifter dieser Religion drohet allen denjenigen, welchen, nachdem ihnen das Evangelium werde glaubwürdig verkündigt und bekannt worden seyn, demselben nicht glauben, die Verdammnis *). Und diese Drohung enthält nichts Ungerechtes. Zwischen den Menschen, denen der Vermittler mit seiner Begnadigung unbekannt geblieben ist, und denenjenigen, welche er zur Darbringung seines Danks an denselben bekannt gemacht worden ist, ist ein augenscheinlicher

---
*) Marc. 16, 16.

licher Unterschied. Wir, die wir uns in dem letzten Falle befinden, machen uns der durch ihn vermittelten Begnadigung und Seligkeit wirklich unwürdig, wenn wir die gewissenhafteste Untersuchung des uns überlieferten Glaubens unterlassen.

Anmerkung. Die Vernunft, sagt ein berühmter englischer Prediger, hat alle die Pflichten, welche der Glaube hat; aber sie hat nicht seinen Trost. Und wenn dis ganz wahr wäre: wem könnte es denn gleichgültig seyn, diesen Trost zu haben oder nicht zu haben? Aber es ist nicht ganz wahr. Sie hat auch nicht die Pflichten gegen den Erlöser.

§. 94.

Und nun, Freunde, entweder die evangelische Geschichte ist ein Werk des Betruges, oder es ist eine wahre Geschichte. Ein drittes ist unmöglich. Denn daß sich die Verfasser, oder irgend ein anderer, von dem sie ihre Geschichte haben, sollte eingebildet haben, mehrere Jahre hintereinander von dem Stifter des Christenthums Dinge gesehen und gehört zu haben, die er nicht gesehen und gehört hatte, ist unmöglich. Befindet ihr euch also nach dem geführten Beweise gehindert, sie für ein Werk des Betruges zu erkennen: so ist die Wahrheit derselben in eurem Gewissen entschieden. Und damit die Wahrheit der christlichen Religion. Denn so hat Jesus sich für einen göttlichen Religionslehrer ausgegeben, und Gott hat dieses mit einer Menge von Wundern bestätigt. Er aber hat weiter die ganze christliche

Beantwortung der Einwürfe. 137

liche Religion für eine göttliche Religion erklärt: so weit sie den Lehrbegrif des Alten Testaments begreift, indem er diesen wirklich und thätig erklärt hat; und so weit sie aus Zusätzen zu demselben von ihm und seinen Aposteln besteht, indem er nicht nur seine eigne Lehre, sondern auch allen seinen Aposteln übriggelassene weitere Ausführungen derselben für göttlich erklärt hat (§. 20.). Also noch einmal, Freunde, zu deren Händen diese Blätter gelangen werden, entweder erklärt die evangelische Geschichte für ein Werk des Betrugs; oder erkennt die Wahrheit und Göttlichkeit der christlichen Religion für entschieden.

§. 95.

Und in dieser Ueberzeugung müsse euch auf keine Weise die Möglichkeit von mannigfaltigen Einwürfen und Scheingründen für das Gegentheil stöhren. Die Religion der Schrift hat dieses mit der Religion der Vernunft gemein, daß Zweifel und Einwürfe dagegen, und scheinbare Zweifel und Einwürfe dagegen möglich sind. Wenn ich den Bau der Heuschrecke oder eines andern Ungeziefers betrachte: so kann ich die Wirklichkeit eines höchst verständigen Werkmeisters nicht verkennen, der die Heuschrecke und jedes andere Ungeziefer gebildet haben muß. Wenn ich dagegen die Verwüstungen erwäge, welche die Heuschrecke auf unsern Feldern anrichtet, die Unbarmherzigkeit, mit welcher sie in einer Stunde die ganze Hoffnung des Landmannes aufzehrt: so kann ich dem Zweifel nicht widerstehen, wie ein gü-

J 5 tiger

tiger Vater der Welt, dergleichen Geißel für die Menschen erschaffen haben könne. Wenn ich bedenke, daß seitdem die Welt steht, noch nicht ein Sommer und noch nie eine Erndte ganz ausgeblieben ist: so sehe ich mich gedrungen, eine unsichtbare Vorsorge für Menschen und Thiere auf dem Erdboden zu erkennen. Wenn ich dagegen eine pestilenzialische Luft den Tod in ganzen Gegenden über Menschen und Vieh verbreiten sehe: so kann ich dem Zweifel nicht widerstehen, ob nicht ein gütiger Vater der Welt, wenn er wirklich eine Vorsorge für Menschen und Thiere übte, diese pestilenzialische Luft unausbleiblich hindern würde. Aber alle die Dunkelheiten, mit welchen selbst die natürliche Erkenntniß Gottes umgeben ist, können und müssen uns nie bewegen, eine sowohl gegründete Ueberzeugung, als die Ueberzeugung von der Wirklichkeit und Vorsehung Gottes aus seinen Werken in der Welt ist, aufzugeben: und in keinem Falle können oder dürfen uns Einwürfe gegen eine wohlbewiesene Wahrheit, auch wenn uns solche unbeantwortlich zu seyn scheinen sollten, eine wohlbewiesene Wahrheit aufzuopfern bewegen, oder berechtigen. Also muß uns zuvörderst die Wahrheit der christlichen Religion dadurch auf keine Weise verdächtig werden, daß es nicht an Einwürfen und Zweifeln dagegen fehle. Hiernächst aber, und wenn wir solche unbeantwortet lassen müßten; so würden sie uns nicht berechtigen, den dafür geführten Beweis verloren zu geben. Also hätten wir denn gar nicht nöthig, denselben durch Beantwortung

tung möglicher Einwürfe zu vollenden. Sobald die Wahrheit von etwas wahrhaftig erwiesen ist; sobald ist unmöglich, daß es irgend einen wahren Beweis für das Gegentheil geben könnte: und von allen Scheingründen für das Gegentheil auch ohne Untersuchung derselben entschieden, daß solches blos Scheingründe seyn müssen. Und dieses, Freunde, lasset uns wohl behalten. Es ist so unnöthig als unmöglich, daß wir alle mögliche Anstöße und Einwürfe gegen die Wahrheit der christlichen Religion nach geführtem Beweise derselben anführen und beantworten sollten. Aber damit klar werde, wie wenig solche die erlangte Ueberzeugung bei uns wankend zu machen vermögend sind; so lasset uns die wichtigsten und scheinbarsten untersuchen.

§. 96.

Entweder es sind Einwürfe gegen den Beweis, oder gegen die bewiesene Sache: entweder Einwürfe gegen die Wahrheit der evangelischen Geschichte, mit welcher die Wahrheit der christlichen Religion zusammenhängt; oder Einwürfe gegen die christliche Religion. Freilich sind diese zugleich mittelbare Einwürfe gegen die evangelische Geschichte, weil mit der Wahrheit des einen die Wahrheit des andern unzertrennlich zusammenhängt. Allein es kann Zweifel gegen die Glaubwürdigkeit der Geschichte geben, welche die christliche Religion nicht unmittelbar betreffen: und umgekehrt, Zweifel gegen die christliche Religion, welche die

evan-

evangelische Geschichte nicht unmittelbar angehen. Die erstern sind in dem vorigen Hauptstücke, bei der Untersuchung, ob es irgend einen Grund gebe, die Glaubwürdigkeit der Evangelisten in Zweifel zu ziehen, bereits angezeiget und untersucht worden. Also haben wir uns hier blos auf Einwürfe der letzten Art einzulassen. Und da ist nun gleich der erheblichste und scheinbarste von allen, daß die christliche Religion neu, und niemals allgemein gewesen ist. Vier Jahrtausende waren verflossen, ehe diese Religion durch Christum in die Welt eingeführt ward; und was davon auch etwa bereits in der Religion der Juden angetroffen wird, war bis dahin blos unter den Juden. Und bis auf diese Stunde ist diese Religion die Religion des kleinsten Theils des menschlichen Geschlechts. Der grösste Theil desselben besteht aus Heiden und Mahomedanern. Sollte das aber wohl seyn können, wenn diese Religion ein von Gott nöthig befundner Unterricht zur Seligkeit wäre? Sollte Gott, der von je her aller Menschen Seligkeit wollte, denselben erst nach Verlauf von viertausend Jahren den Menschen ertheilt, oder ihn bis auf diese Stunde nur einem Theile, und dem kleinsten Theile derselben ertheilt haben? Nein, das kann nicht das Licht seyn, welches Gott zur Erleuchtung der Menschen verordnet und angezündet hat, das nicht von je her allen Menschen geschienen hat und noch scheint.

§. 97.

Beantwortung der Einwürfe.

§. 97.

Dieser Einwurf beruht im Grunde auf einer höchst unerweislichen Voraussetzung. In keinem Falle ist das ein Grund, etwas für keine Wohlthat, und für keine göttliche Wohlthat zu erkennen, weil es nicht allgemein ist. Widrigenfalls wären Verstand und Tugend, Gesundheit und Reichthum, keine Wohlthaten und keine göttliche Wohlthaten, weil sie nicht allgemein sind. Es folgt nichts weiter, als daß die Seligkeit der Menschen nicht schlechterdings an die christliche Religion gebunden seyn könne. Und das behauptet sie selbst nicht. Paulus verheißt Preiß, Ehre und unvergängliches Wesen allen, die mit Gedult in guten Werken nach dem ewigen Leben trachten: und das sowohl den Griechen oder Heiden, welche die Offenbarung in der Schrift nicht hätten, als den Juden, welche sie hatten *). Also setzt er fest, daß auch ohne dieselbe ein Stand guter Werke möglich sey. Gleich nachher sagt er ausdrücklich, daß die Heiden, die das Gesetz nicht haben, doch die Werke oder Vorschriften desselben anders woher wissen, und daher auch thun oder ausüben können **). Und demselben verheißt er die Seligkeit sowohl bei den Heiden als Juden. Wozu denn aber die christliche Religion, und so viel Wunder zur Stiftung und Einführung derselben in der Welt, wenn sie nicht zur Seligkeit nothwendig war? Wie wenn sie doch ein Mittel zu

einer

*) Röm. 2, 7–11.   **) Röm. 2, 12.

einer größern Seligkeit, zu einer vollkommnern Erkennt͟nis Gottes, zu mehr Freude an Gott, und zu einer größern Tugend als jede andere Religion war? So ist wohl zu erklären, wie Gott nicht alle Menschen in An͟sehung derselben gleich zu machen gut befinden können. Das stritte mit seiner allgemeinen Menschenliebe so we͟nig, als die ungleiche Austheilung aller seiner übrigen Wohlthaten damit streitet. Und es ist wohl zu erklären, wie er die Einführung derselben in die Welt bis zu der Zeit verschieben können, da der menschliche Verstand erst eine so vollkommnere und so viel begreifende Reli͟gion anzunehmen fähig geworden war. Aber sollte Gott dieselbe auf immer den Menschen, und allen Men͟schen vorenthalten haben? Und sollte er, wenn Hin͟dernisse vorhanden waren, die Menschen von je her, und alle Menschen zu dieser größern Seligkeit zu führen, dieselben niemals, und auch keinen Theil der Menschen zu derselben geführt haben?

> Anmerkung. Man antwortet gemeiniglich, daß die christ͟liche Religion gar nicht neu, sondern nach allen dazu gehörigen Hauptwahrheiten vom Anfange her geoffenbart, und hierauf vom Mose und den Propheten in ihre Schrif͟ten verfaßt war; schlechst aber auch Gott von je her die allgemeine Bekanntmachung derselben gewollt und merk͟lich besorgt habe: daß er an seinem Theile von je her al͟les gethan habe, sie allgemein zu machen. Aber diese Antwort ist nicht befriedigend. Der Lehrbegrif des Alten Testaments begreift nichts weiter, als die Religion der Vernunft, etwas weniges über den Ursprung des mensch͟lichen Geschlechtes, und eine bloße noch wenig bestimmte
> Hoffnung

Hoffnung eines Erlösers. Und so viel wir davon aus der Schrift wissen, blieb diese Hoffnung unter der Nachkommenschaft Abrahams: und kein Prophet ward zu Verbreitung derselben unter andern Völkern bevollmächtigt. Es bedarf aber auch weder des einen noch des andern. Genug, es ist diese Religion seit Christi Zeiten die Religion des gesamten aufgeklärtern Theils des menschlichen Geschlechts: und die Wunder, mit welchen sie Gott in die Welt eingeführet hat, sind immer Gott höchst anständige Wunder, wenn damit auch blos die größere Seligkeit des derselben empfänglichen aufgeklärtern Theils des menschlichen Geschlechts bewirkt werden sollen.

§. 98.

Zur Hebung des Anstoßes bedarf es nichts weiter, als der Geschichte der christlichen Religion. Das eigenthümliche derselben, und der Mittelpunkt, bei welchem sich alles in derselben anfängt und endigt, ist das durch Christum ausgeführte Erlösungswerk. Wir entdecken ohne sonderliche Mühe eine Menge von Ursachen, die Gott in seiner Weisheit bestimmt haben, die Ausführung desselben bis in die Zeit der Welt zu verschieben, in welcher es wirklich geschehen ist. Nun hatte der menschliche Verstand die Ausbildung erhalten, daß er einen so anbetungswürdigen Entwurf zur Begnadigung und Heiligung der Menschen zu verstehen, und ohne Aberglauben anzunehmen fähig war. Und so lange die Welt gestanden hat, ist kein Zeitlauf gewesen, der zur glaubwürdigen Ueberlieferung der Sache an die ganze Nachwelt, und zur schnellen Verbreitung derselben in der

ganzen

ganzen gesitteten Welt so bequem gewesen wäre, als dieser. Aber mußten denn alle Menschen vor- und nachher über diesen Plan Gottes zur Wiederbringung der Menschen unterrichtet werden? Es ist wohl zu verstehen, daß Gott vor Ausführung desselben etwas davon bekannt machen müssen. Die Aussonderung eines besondern Volks zur Aufbehaltung der darüber geschehenen Verheissungen war wirklich nothwendig, wenn die Sache bei ihrer Ausführung nicht schlechterdings unverständlich seyn sollte. Gott hatte auch mit dem Erlösungswerke ohnstreitig Absichten auf die Menschen, welche nicht ohne Erkenntniß desselben bei ihnen erreicht werden könnten. Es sollten damit Bewegungsgründe zum Vertrauen und zum Gehorsam gegen Gott gestiftet werden, welche nicht ohne Erkenntniß desselben möglich sind. Und daher können wir nicht zweifeln, daß Gott die Erkenntniß desselben sobald unter die Menschen gebracht, und unter so viel Menschen gebracht haben werde, als es nur füglich geschehen könnte. Aber es waren nicht die sämtlichen Zwecke Gottes mit dem Erlösungswerke schlechterdings an die Erkenntniß desselben geknüpft. Es könnte solches von je her ein Begnadigungsmittel, und ein Begnadigungsgrund für die Menschen seyn, wenn es gleich nicht von ihnen erkannt würde. Und es ist nicht nur möglich, sondern selbst wahrscheinlich, daß sich die Zwecke Gottes mit demselben nicht blos auf die Menschen, sondern auf mehrere andere vernünftige Geschöpfe erstreckt haben. Also erforderten die

Zwecke

Beantwortung der Einwürfe.

Zwecke des Erlösungswerkes nicht nothwendig die Bekanntmachung desselben unter den Menschen. Und Gott konnte solche wenigstens bis zur Ausführung desselben verschieben. Theils konnte es vorher doch aus bloßen Weissagungen darüber nicht vollständig erkannt und verstanden werden. Theils kann Gott vorhergesehen haben, daß früher nichts als Aberglaube daraus hergekommen seyn würde. Nun aber nach wirklich ausgeführtem Erlösungswerke war eine richtige und deutliche Erkenntniß desselben allen Menschen möglich geworden. Und nun besorgte Gott auch dieselbe wirklich unter allen gesitteten derselben fähigen Völkern. Und bis auf diese Stunde werden die Bemühungen dieselbe allgemein zu machen überall fortgesetzt. Die christliche Religion ist auf eine höchst merkwürdige Weise die einzige in der Welt, zu deren Verbreitung durch die ganze Welt alles geschehen ist, und fortdauernd geschieht, was nur ohne fortdauernde Wunder geschehen kann. Und wenn das ein Merkmal einer wahren und göttlichen Religion ist, daß sie allgemein ist, oder möglichst zu aller Menschen Erkenntnis gebracht wird; so hat die christliche Religion dieses Merkmal. Von der Zeit an, da sie nur hat verstanden, und zu Jedermans Erkenntnis hat gebracht werden können, haben die Bemühungen angefangen, sie wirklich zu Jedermans Erkenntnis zu bringen: und solche dauern bis auf den heutigen Tag fort.

Anmerkung. Es sind und bleiben offenbar zwey unterschiedene Dinge: die Wahrheit der christlichen Religion und die Allgemeinheit derselben. Die erstere ist augenscheinlich ohne Hülfe der andern erwiesen worden. Wie sollte uns nun der Mangel der Allgemeinheit berechtigen, die erlangte Ueberzeugung von ihrer Wahrheit wieder aufzugeben? Wir können fragen, woher es doch komme, daß diese vortrefliche Religion nicht allgemein ist? Aber sie hört nicht auf eine wahre und vortrefliche Religion zu seyn, weil sie nicht allgemein ist. Es giebt unzählbare wahre und höchst nützliche Erkenntnisse, die nicht allgemein sind.

§. 99.

Ein anderer Anstoß erwächst aus dem **Mangel möglicher augenscheinlicherer Beweise für die Wahrheit der christlichen Religion.** Dergleichen würde seyn, wenn Gott dieselbe fortgesetzt mit Wundern bestätigte. Aber mit einer solchen Menge von Wundern soll er dieselbe bey ihrem Ursprunge bestätigt haben: und seitdem thut er kein einziges. Daher der Unglaube: und ein gerechter Zweifel, daß jemals dergleichen zur Bestätigung des Christenthums geschehen seyn dürften. Warum beschämt Gott den Unglauben nicht? Und giebt einmal ein recht klares Zeichen, daß die christliche Religion von ihm sey? Könnte er wohl weislich und gütig solches zu thun unterlassen, wenn es ihm um diese Religion unter den Menschen zu thun wäre? Sich bei allen Zweifeln in Ansehung derselben, bei allen Streitigkeiten über dieselben, und bei allen Bestreitungen derselben,

ben, so ganz unthätig und leidentlich verhalten? Das ist der Anstoß. Wäre er gegründet: so wäre es um die Religion der Vernunft eben sowohl gethan, als um die Religion der Schrift. Denn Gott verhält sich bei allen Zweifeln und Streitigkeiten in Ansehung der erstern völlig so leidentlich, als bei allen Zweifeln und Streitigkeiten in Ansehung der andern. Aber dis erweiset nur den Ungrund des Schlusses, daß eine Religion überhaupt nicht von Gott seyn könne, wenn nicht zum Beweise derselben von Zeit zu Zeit Wunder vorgegangen. Hat sich Gott einmal so viele Wunder zur Einführung in die Welt kosten lassen: sollte er denn hierauf weiter nicht ein einziges zur Erhaltung in der Welt thun?

§. 100.

Der Anstoß verschwindet, wenn wir dreierlei mit einander verbinden. Zuvörderst ist doch die Wahrheit der christlichen Religion wahrhaftig erwiesen, wenn nur jemals Wunder zum Beweise der Wahrheit derselben wahrhaftig geschehen sind. Aber darüber haben wir die glaubwürdige Nachricht von den Evangelisten. Also bedarf es zu unsrer Gewißheit von der Wahrheit derselben keiner fortdaurenden Wunder. Bei der Einführung derselben in die Welt waren dergleichen nothwendig. Denn wie wäre sonst der göttliche Ursprung derselben jemals erweislich geworden? Aber zur Erhaltung derselben in der Welt bedurfte es nichts weiter, als einer glaubwürdigen Nachricht von diesen Wundern.

Das vierte Hauptstück.

Hiernächst und wenn Gott dergleichen fortdaurend zur Bestätigung derselben thäte: so könnte die Wirklichkeit derselben gleichwohl von den meisten Menschen nicht anders als aus Nachrichten davon erkannt werden. Und so befände sich denn ein jeder, der die Wunder selbst nicht sähe, doch in Ansehung derselben in keinen andern Umständen, als in welchen wir uns in Ansehung der ehemaligen Wunder befinden. Zum dritten und vornehmlich aber, erlauben die Umstände der Kirche keine fortdauernde Wunder. Zeitig nahm diese Trennung derselben in Sekten und Partheien ihren Anfang, welche bis auf diese Stunde fortdauert. Wo sollten nun die Wunder vorgehen? Entweder alle, auch die irrgläubigsten Sekten, müßten dergleichen haben; oder wenn nur diese oder jene dergleichen hätte, so würde damit nicht die christliche Religion überhaupt, sondern zugleich der besondere Lehrbegrif der Sekte bestätigt werden. Und in der lautersten Kirche ist derselbe nicht ganz ohne Irrthümer. Also so lange die Apostel des Herrn lebten, und die Wunder nichts weiter als die Lehre der Apostel bestätigten, so lange waren auch Wunder möglich. Nie war nach der Zeit dieser göttlichen Religionslehrer der Glaube der Kirche von allen Irrthümern rein. Und mithin konnte Gott nicht weislich denselben fortdaurend mit Wundern bestätigen.

Anmerkung. Andere und mehrere Gründe für das weltfeste Betragen Gottes in dieser Sache sind in meinen wahren Gründen, warum Gott die Offenbarung nicht

nicht mit augenscheinlichern Beweisen versehen hat, ausgeführt. Ich zeige insonderheit, daß bei dergleichen Beweisen der Glaube aufhören würde, eine Tugend zu seyn: mithin aufhören würde Belohnungs fähig zu seyn: mithin aber auch der Zweck Gottes, die Menschen durch denselben zu einer größern Seligkeit zu führen, verloren gehen würde.

§. 101.

Die Unwahrscheinlichkeit vieler biblischen Geschichte ist ein wichtiger Anstoß gegen die allgemeine Wahrheit derselben, und damit zugleich gegen die Wahrheit der christlichen Religion. Wem sollte es nicht Mühe machen, zu glauben, daß Gott ehedem mit den Erzvätern so vertraulich und wiederholentlich geredet, und Moses ganzer vierzig Jahre hindurch ähnlicher göttlicher Offenbarungen genossen habe? oder daß Gott mit einer durch seine Allmacht herzugeführten allgemeinen Ueberschwemmung das ganze menschliche Geschlecht bis auf eine einzige Familie, und damit zugleich so viele Millionen unschuldiger Kinder vertilget? und daß er die Verstockung des Pharao durch so viel wunderthätig verhangene Plagen an seinen Unterthanen und durch den endlichen Untergang des gesammten auf seinen Befehl den Israeliten nacheilenden Heers, so vieler unschuldiger Leute, gerochen? und die Israeliten zu einem ungerechten Kriege wider die bisherigen rechtmäßigen Einwohner des gelobten Landes berechtigt haben solle? Wer muß nicht die Thaten Simsons, die Geschichte des Jonas, und eine Menge andere schlechterdings unglaublich finden? Diesen Anstoß zu heben, müssen wir die verschiednen Arten und Quellen von der Unwahrscheinlichkeit der biblischen Geschichte unterscheiden. Und sodann kömmt es auf einige allgemeine Regeln darüber an.

§. 102.

Die Unwahrscheinlichkeit entspringt größtentheils aus dem Mangel ähnlicher Begebenheiten in unsern Zeiten und Gegenden. Darum verursachen die vielen Wunder und wunderbaren Begebenheiten, Erscheinungen Gottes, und Unterredungen mit Gott u. s. w. dem Glauben Mühe, weil uns unsere Erfahrungen durchaus nichts ähnliches aufstellen. Aber dis ist nicht die einzige Quelle der Unwahrscheinlichkeit. Viele in der Schrift erzählte Begebenheiten sind nicht wegen ihrer wunderbaren Beschaffenheit, sondern wegen ihrer mit der Güte und Weisheit Gottes dem Ansehen nach streitenden Beschaffenheit unglaublich, z. E. die Geschichte der Sündfluth, die zehn Plagen über Egypten u. s. w. Und noch andere, weil die Möglichkeit derselben zweifelhaft zu seyn scheint. Z. E. die Thaten Simsons, die großen von David zusammengebrachten Schätze, die Erhaltung des Jonas im Bauche eines Fisches. Lasset uns den daher entspringenden Argwohnen fünf Regeln entgegen stellen! Die erste ist die allgemeinste. Es ist wahr, daß es einer großen Anzahl von biblischen Geschichten an der innern Glaublichkeit fehlt, oder doch zu fehlen scheint.

scheint. Aber der Mängel derselben ist in keinem Falle ein hinreichender Grund, die Wahrheit einer Geschichte für verdächtig zu halten. Wir sehen, wie schon oben angemerkt ist, alle Tage Dinge vor unsern Augen vorgehen, welche nichts weniger als glaublich waren; und nicht erfolgen, wovon höchst wahrscheinlich war, daß es erfolgen würde. Bei einer Geschichte kömmt alles auf die Glaubwürdigkeit der Geschichtschreiber an. Und der Mangel der Glaublichkeit derselben ist so wenig ein wahrer Grund, eine Geschichte zu verwerfen, als die gegenseitige innere Glaublichkeit derselben ein hinreichender Grund ist, sie für wahr zu halten. Das lasset uns bei der biblischen Geschichte sorgfältig beobachten. Es sind doch sämtlich an sich mögliche Dinge, wenigstens mit Zuthun der göttlichen Allmacht mögliche Dinge. Also kömmt es auf die Glaubwürdigkeit der Geschichtschreiber an. Und eher sind wir nicht berechtigt, ihren Geschichten den Glauben zu versagen, als bis wir uns berechtigt finden, ihnen den Glauben zu versagen.

§. 103.

Hiernächst ist der Mangel ähnlicher Begebenheiten in unsern Zeiten und Gegenden wirklich zwar nicht die einzige, aber doch vornehmste Quelle der Unwahrscheinlichkeit vieler biblischen Geschichte. Gott erscheint Niemanden in unsern Tagen: und kein Todter wird in unsern Tagen lebendig. Daher der Verdacht, daß dergleichen nie geschehen seyn dürfte. Aber ein augenscheinlich

lich ungegründeter Verdacht. In keinem Falle ist es ein zureichender Grund, die Wirklichkeit einer Sache oder Begebenheit in Zweifel zu ziehen, weil die Erfahrung unserer Zeiten oder Gegenden nicht ähnliche Dinge darstellt. Was würde man von Jemande urtheilen, der alle glaubwürdige Zeugnisse von der Wirklichkeit der Mohren um deswillen in Zweifel ziehen wollte, weil dergleichen in seiner Gegend nicht angetroffen werden, und er daher dergleichen nie zu sehen Gelegenheit gehabt hat? Oder die Wirklichkeit feuerspeiender Berge nicht glauben wollte, weil dergleichen in seiner Gegend nirgends angetroffen werden? Wie aber Dinge in andern Gegenden möglich sind, davon die unsrigen nichts ähnliches liefern; also kann es auch ehemals und in den vorigen Zeiten Dinge und Begebenheiten gegeben haben, davon in den unsrigen nichts ähnliches anzutreffen ist. Und in den Umständen und Zeiten, in welchen die in der Schrift erzählten Wunder, wunderbare und ausserordentliche Dinge vorgegangen seyn sollen, ist recht sehr glaublich, daß sie wirklich vorgegangen sind. Von allen den Wundern, welche zur Offenbarung Christi in der Welt, und zur Einführung der christlichen Religion in derselben vorgegangen seyn sollen, haben wir gesehen, daß sie recht sehr glaublich und wahrscheinlich sind (S. 64.). Dasselbe findet auch bei allen in dem Alten Testamente gemeldeten Wundern, Erscheinungen und Offenbarungen Gottes statt. Dieses alles war theils nothwendig, theils nützlich, um die Religion unter die

Men-

Menschen überhaupt, und die Nachkommenschaft Abrahams insonderheit zu bringen, und unter denselben zu erhalten.

§. 104.

Zum dritten sind auch alle die Strafwunder, welche die heiligen Geschichtschreiber erzählen, recht sehr möglich: Gott anständige und selbst in den Umständen, unter welchen sie vorgegangen seyn sollen, recht sehr glaubliche Wunder. Es widerspricht gar nicht der höchsten Güte und Gerechtigkeit Gottes, daß er überhaupt straft: mithin auch nicht, daß er unmittelbar und wunderthätig gestraft hat. Und die biblische Geschichte ist doch sowohl eine Geschichte großer Wohlthaten, großer Exempel der Geduld und Erbarmung Gottes, als göttlicher Gerichte und Strafen. Zum vierten verschwinden viele Anstöße bei einer richtigern Vorstellung der Geschichte. Es ist unwahrscheinlich, daß Bileams Eselin geredet haben soll. Aber wie, wenn die Sache blos in einem Gesichte vorgegangen war? Und unwahrscheinlich, daß David so große Schätze hinterlassen haben soll. Aber wie, wenn in den Zahlen Fehler eingeschlichen seyn dürften? Endlich und wenn auch unter den Geschichten im Alten Testament (denn diese allein sind zum Theil unwahrscheinlich) verschiedene seyn sollten, über deren Wahrheit wir unser Urtheil zu verschieben hätten: was erwiese denn solches wider die Wahrheit der christlichen Religion? Solche beruht lediglich auf die Wahrheit der evangelischen Geschichte.

K 5 Es

Das vierte Hauptstück.

Es ist in Ansehung derselben gleichgültig, ob die Sündfluth allgemein gewesen ist oder nicht, und Bileams Eselin geredet hat oder nicht. Also lasset uns die Wahrheit der christlichen Religion, und die Wahrheit der sämtlichen biblischen Geschichte, nicht mit einander verwechseln; oder für dergestalt mit einander verbunden halten, daß die Wahrheit des einen nicht ohne die Wahrheit des andern bestehen könne.

Anmerkung. Wer gleichwohl meint, daß ihm das Eine nicht ohne das andere zugleich verdächtig seyn könnte, der vergleiche bei den ihm anstößigen Geschichten eine oder die andere zur Erklärung und Rettung der biblischen Geschichte in großer Anzahl vorhandenen Schriften. Man hat lange genug die Unwahrscheinlichkeit vieler biblischen Geschichte durch irrige und übertriebene Vorstellungen derselben noch vergrößert, und viele Dinge zu Wundern gemacht, die keine sind, oder doch wunderbarer gemacht als sie sind. Es verdienen daher die Gottesgelehrten allen Dank, welche die biblische Geschichte nach ihrer Wahrheit und Einfalt vortragen. Damit verschwinden viele Anstöße. Und viele, welche den Widersachern des Glaubens so gar bedeutend scheinen, endigen sich nach angestellter Untersuchung gar in nichts. Man fragt z. E. wo die Menge von Blinden, Tauben, Lahmen, Aussätzigen und andern Elenden hergekommen sey, welche Christus geheilet hat? Und mit dieser Frage sollte es so aussehen, als wären es viele hundert von jeder Art die Christus geheilt habe. Aber es sind wenige von jeder Art wenigstens aufgezeichnet. Der Besessenen z. E. sind, aufs höchste gerechnet, überhaupt Neune. Es sey nun, daß wir solche für mit vom Satan verursachten Krankheiten behaftete Leute halten, oder, welches viel wahrscheinlicher

Beantwortung der Einwürfe.

licher ist, darunter blos Kranke von ungewöhnlichen und unheilbaren Zufällen zu begreifen haben; so muß es uns sehr befremden, daß Christo in seinem vierthalbjährigen Lehramte nicht mehr solche Leute vorgekommen sind, als daß uns die große Anzahl derselben verdächtig werden sollte.

§. 105.

Und diese Verwechselung ist an einer neuen Gattung von Anstößen Schuld. Die heilige Schrift enthält so viel unnütze, so viel anstößige, und so viel unverständliche Dinge. So viel unnütze. Wozu die Kleinigkeiten in der Lebensgeschichte der Erzväter, die genaue Anzeige aller Lagerstädte der Israeliten in der Wüsten, die vielen Geschlechtsregister u. s. w.? So viel anstößige Dinge. Eine Menge Gesetze und Geschichte, die kein schamhafter Mensch lesen kann: so viel kühne Bilder. Ein ganzes wollüstiges Lied, das noch darzu das hohe Lied oder ein Lied der Lieder genennt wird. Und so viel unverständige Dinge. Ganze Bücher, über deren Sinn man sich nicht vereinigen kann. Wer kann ein Werk von solchem Inhalte für einen göttlichen Religionsunterricht an die Menschen, und also die darin verfaßte Religion für eine göttliche Religion halten? Hierauf ist dreierlei zu antworten. Einmal: und wenn der ganze Einwurf wahr wäre: wie folgt denn, daß die christliche Religion nicht wahr seyn könne? Haben wir denn die Wahrheit derselben auf die Wahrheit und Göttlichkeit der sämtlichen heiligen Bücher gegründet, welche wir zusammen die heilige Schrift nennen? Oder fällt damit die Wahrheit und Glaubwürdigkeit der evan-
geli-

gelischen Geschichte hinweg, weil nicht alles in allen Büchern der heiligen Schrift zur Erbauung, oder zur Gottseligkeit nützlich ist? Zum andern aber kann doch vieles, das uns gegenwärtig nicht nützlich oder verständlich ist, den ersten und unmittelbaren Lesern der heiligen Bücher nützlich und verständlich gewesen seyn. Auch was uns anstößig zu seyn scheint, kann für sie unanstößig gewesen seyn. Es ist aber auch unerweislich, daß ein göttlicher nach und nach ausgefertigter Religionsunterricht nichts habe enthalten können, das nicht allen Menschen zu allen Zeiten erbaulich und verständlich war. Und zum dritten: unter den dem ersten Ansehen nach zur Erbauung unnützen Dingen bleiben nach genauer Untersuchung sehr wenige übrig, die nicht verständigen und nachdenkenden Bibellesern wirklich nützlich werden sollten. Wer aber nicht die Fähigkeit besitzt, solche entweder zu verstehen oder zu seiner Erbauung anzuwenden, kann dieselben ohne Nachtheil des Glaubens und der Gottseligkeit überschlagen. Die christliche Religion bedarf dieser Dinge und Theile der heiligen Schrift zu ihrer Vollständigkeit schlechterdings nicht.

> Anmerkung. Es ist ein gar zu großes Versehen, wenn man dem gemeinen Christen die ganze Bibel in die Hand giebt, und ihm nun sagt, daraus unterrichte und erbaue dich zur Seligkeit. Es müssen ihm schlechterdings diejenigen Theile und Stücke derselben ausgezeichnet werden, welche ein wesentliches Verhältnis zu seinem Glauben und zu seiner Gottseligkeit haben, und die er zu dem Ende verstehen und anwenden kann. Die übrigen behalten ihren guten Gebrauch für den fähigern und gelehrten Christen.

§. 106.

Beantwortung der Einwürfe.

§. 106.

Die dritte und vierte Gattung von Anstößen besteht, wenn wir sie genau betrachten, nicht aus Anstössen an der christlichen Religion, sondern an der heiligen Schrift: und es ist für den Glauben so sehr daran gelegen, daß die Göttlichkeit der heiligen Schrift, und die Göttlichkeit der in derselben verfaßten christlichen Religion nicht mit einander verwechselt werde, daß wir nach dem Zwecke dieser Bogen nicht unterlassen können, den Unterschied von beiden nothdürftig in ein Licht zu setzen. Es ist so gar gewöhnlich, beides mit einander zu verwechseln, oder doch für unzertrennlich zu halten; und es nehmen daher so viel Zweifel und Anstöße ihren Ursprung, daß wir nicht unterlassen können, zweierlei nothdürftig zu untersuchen: erstlich ob und wie fern die Göttlichkeit der christlichen Religion mit der Göttlichkeit der heiligen Schrift zusammenhängt: und zweitens wie wir uns die Göttlichkeit der heiligen Schrift vorzustellen, oder was und wie viel wir davon mit Grunde zu erkennen haben. Die erste Frage können wir sehr kurz beantworten. Zur Ueberzeugung von der Wahrheit und Göttlichkeit der christlichen Religion ist, wie wir gesehen haben, nichts weiter als die Ueberzeugung von der Wahrheit und Glaubwürdigkeit der Evangelien nöthig. Aber die Wahrheit und Glaubwürdigkeit derselben ist ohne einige Beihülfe einer göttlichen Eingebung derselben erwiesen worden. Die Verfasser waren, als bloße Menschen betrachtet, ohne einiges beson-

158 *Das vierte Hauptstück.*

sonderes Zuthun Gottes geschickt, das alles wohl und richtig zu wissen, und zu erzählen, was sie in ihren Geschichtbüchern erzählen. Und sollte ihnen dergleichen auch zu einer genauen Erinnerung der Reden und Lehren Christi nöthig gewesen seyn: so durfte ihr Gedächtniß dazu nicht erst unter dem Schreiben gestärkt werden; sondern es konnte solches vorher bei ersterer mündlicher Erzählung derselben geschehen seyn. Und sie waren auch, als bloße Menschen betrachtet, glaubwürdige Zeugen. Indem wir aber zur Ueberzeugung von der Wahrheit und Göttlichkeit der Lehre Christi weiter nichts brauchen, als die Glaubwürdigkeit der Evangelisten; so bedürfen wir zu derselben noch weniger der Göttlichkeit oder göttlichen Eingebung irgend eines andern Buches oder Theiles der heiligen Schrift. Es verhalte sich mit dem Ursprunge unsrer sämtlichen übrigen heiligen Bücher, wie es wolle; so unterrichten uns die vier Evangelien hinlänglich, über die Lehre Christi, über den von Christo behaupteten göttlichen Ursprung seiner Lehre, und über die zum Beweise dessen geschehene Wunder.

§. 107.

Aber müssen wir denn nicht, um die Lehre Christi vollständig zu haben, zu den Evangelien die Briefe der Apostel dazu nehmen? und damit wir von der Wahrheit ihres Inhaltes versichert werden, wenigstens dieselben für von Gott eingegebne Schriften erkennen? Und setzt nicht Christus in seiner Lehre die Göttlichkeit des Alten Testaments und des in demselben verfaßten Lehrbegrifs voraus? Es

ist

ist freilich zwischen den Briefen der Apostel und den vier Evangelien ein merkwürdiger Unterscheid. Diese sind bloße Geschichtbücher: und zur Glaubwürdigkeit eines Geschichtbuches ist gar nicht nöthig, daß der Verfasser dasselbe mit Eingebung geschrieben haben muß. Aber in den Briefen der Apostel reden die Verfasser selbst, und tragen ihre eigne Einsichten über die göttlichen Wahrheiten vor. Und solches konnte, wie es scheint, nicht mit Untrüglichkeit und Zuverläßigkeit von ihnen geschehen, wenn es nicht mit einem besondern Zuthun Gottes von ihnen geschahe. Allein war denn zu dem Ende schlechterdings nöthig, daß sie dergleichen dazu erst unter der Schreibung ihrer Briefe genossen? Christus hatte seinen Aposteln einen Geist verheissen, der sie in alle Wahrheit leiten würde. Diese Verheissung kann nicht unerfüllt geblieben seyn. Aber damit wir nun davon gewiß werden, daß sie uns lauter vom Geiste Gottes empfangene Wahrheiten in ihren Briefen vortragen, ist genug, daß sie dieselben ein für allemal aus einer völligen Erleuchtung erkannten, und dieselben aufrichtig in ihren Briefen so vortragen, wie sie solche aus einer darüber empfangenen göttlichen Erleuchtung erkannten. Also brauchen wir zu unserer Ueberzeugung von der Wahrheit und Göttlichkeit der christlichen Religion so wenig eine göttliche Eingebung der apostolischen Briefe, als der vier Evangelien. Es ist dieselbe aus der Lehre Christi und den weitern Ausführungen derselben von den Aposteln zusammengesetzt. Die erstere liefern uns glaubwür-

dig

dig die vier Evangelien, wenn solche auch von ihren Verfassern blos aus dem Gedächtnisse geschrieben worden sind. Und die andern die Briefe der Apostel. Aber es ist genug, daß die Apostel dieselben vorhin aus einer göttlichen Erleuchtung erkannten.

Anmerkung. Indem sie auch nichts weiter als weitere Ausführungen der Lehre Christi sind; so werden wir von der Wahrheit derselben durch ihre Uebereinstimmung mit der Lehre Christi, wie wir solche in den Evangelisten vorfinden, hinlänglich vergewissert.

§. 108.

Es ist hienächst wahr, daß Christus bei seiner Lehre die Wahrheit und Göttlichkeit des Alten Testaments und des darin verfaßten Lehrbegrifs voraussetzt. Aber theils brauchen wir augenscheinlich nicht alle Bücher und Theile des Alten Testaments, um den darin verfaßten Lehrbegrif vollständig zu haben; sondern die Schriften Moses, die Psalmen und die Propheten, sind zu solcher Absicht hinreichend. Theils beruhet die Wahrheit und Göttlichkeit der im Alten Testament verfaßten Religion auf der Wahrheit und Glaubwürdigkeit der darin verfaßten Geschichte. Es kömmt darauf an, ob Moses, David und die Propheten solcher Offenbarungen genossen haben, als von ihnen erzählt und behauptet wird. Aber zur Glaubwürdigkeit dieser Geschichte ist keinesweges nöthig, daß dieselbe mit Eingebung geschrieben worden ist. Ob Moses dergleichen Offenbarungen zu haben behauptet, und zum Beweise dessen Wunder gethan habe,

und

Beantwortung der Einwürfe.

und ob die Propheten dergleichen behauptet, und mit von ihnen ausgesprochnen durch die Erfüllung bestätigten Weissagungen bewiesen haben, das konnte doch das Volk, in dessen Schooße sie lebten, schrieben, und es behaupteten, wohl wissen. Wie wäre nun solches dazu gekommen, ihre Schriften als Unterweisungen von Gott getriebner Männer anzunehmen, und unter sich aufzubehalten, wenn solches nicht wahr gewesen wäre?

Anmerkung. Der Lehrbegrif des Alten Testaments, welchen die christliche Religion voraussetzt, besteht, die Schöpfung, der Sündenfall und die Verheissungen eines Erlösers ausgenommen, überdem aus lauter Vernunftswahrheiten, deren Ueberzeugung also gar nicht an den göttlichen Ursprung dieses Lehrbegrifs schlechterdings geknüpft ist.

§. 109.

Also hängt die Uberzeugung von der Wahrheit und Göttlichkeit der christlichen Religion gar nicht mit der Ueberzeugung von der Göttlichkeit der heiligen Schrift auf eine nothwendige Weise zusammen. Sind die heiligen Bücher mit einer göttlichen Eingebung geschrieben worden: so ist freilich der darin verfaßte Lehrbegrif ein wahrer und göttlicher Lehrbegrif. Aber das würde er seyn, wenn nur die darin befindliche Nachricht von dem göttlichen Ursprunge desselben wahr ist: und wenn nur die Geschichte Jesu Christi wahr ist. Denn Er hat nicht nur seine eigne Lehre, sondern auch die Lehre seiner Apostel, und den Lehrbegrif des Alten Testaments für

L *göttlich*

göttlich erklärt. Aber weder zur Ueberzeugung von der Glaubwürdigkeit der Geschichte Christi, noch von der Glaubwürdigkeit der im Alten Testamente befindlichen Nachricht von der Offenbarung Gottes an die Propheten, ist eine göttliche Eingebung derselben nothwendig. Also bleibt die Wahrheit und Göttlichkeit der christlichen Religion nicht nur unverändert stehen, wenn gleich die göttliche Eingebung mancher Theile und Bücher der heiligen Schrift nicht zu erweisen seyn sollte; sondern es bedarf gar keiner Eingebung derselben, damit solche unwandelbar fest stehe.

Anmerkung. Daß die Ueberzeugung davon nicht nothwendig an die Ueberzeugung von der Göttlichkeit sämtlicher Bücher und Theile der heiligen Schrift, und der heiligen Bücher überhaupt, gebunden seyn könne, ist auch daraus klar zu ersehen, daß man die Ueberzeugung doch in der jüdischen und christlichen Kirche hatte, ehe diese Bücher überhaupt geschrieben, oder doch sämtlich geschrieben und gesammelt waren. Die mündliche glaubwürdige Nachricht der Apostel, z. E. von der Lehre und den Thaten Christi war zum Glauben derselben hinreichend, ehe das geringste schriftlich darüber von einem Apostel vorhanden war. Und sie war mündlich auch ohne Eingebung so glaubwürdig, als sie es schriftlich ist.

§. 110.

Allein hat Gott jemals Jemanden unmittelbar von seinem Rathe über die Seligkeit der Menschen unterrichtet, und zur Bekanntmachung desselben unter den Menschen bevollmächtigt; so hat er ohnstreitig auch gewollt, daß dieser Unterricht unter den Menschen erhalten und fortgepflanzt werden sollte. Und etwas schriftliches darüber war das einzige Mittel, denselben unverfälscht und glaubwürdig unter den Menschen zu erhalten und fortzupflanzen. Daher entsteht die größte Wahrscheinlichkeit, daß die heiligen Bücher, in welchen wir den göttlichen Religionsunterricht vorfinden, nicht ohne Gottes besondere Regierung und Aufsicht geschrieben worden sind. Und es ist solches überdem sehr wohl zu erweisen. Das Neue Testament besteht, die Schriften des Markus und Lukas ausgenommen, aus Schriften der Apostel. Christus hatte diesen einen Geist verheissen, der sie nicht nur in alle Wahrheit leiten, und alles dessen, was sie von ihm gehört hatten, erinnern, sondern auch in ihnen seyn und beständig bleiben würde *). Diese Verheissung hatte ohnstreitig den Sinn, daß sie eines fortdauernden ausserordentlichen Beistandes und Einflusses Gottes in ihrem Amte geniessen würden. Und sollten sie nicht denselben vorzüglich bei einem so wichtigen Theile ihres Amtes, als die Ausfertigung ihrer Schriften war, genossen haben? Entweder sie haben nie einer besondern Einwirkung des Geistes Gottes; oder sie haben derselben gewiß bei einem zum Unterrichte der Kirche auf alle Zeiten bestimmten Werke genossen. Was aber die Schriften des Alten Testaments betrift: so haben Christus und die Apostel das damalige Urtheil der jüdischen Kirche von denselben gebilligt und bestätigt. Christus setzt überhaupt

fest,

---

*) Joh. 14, 16. 17. 26. 16, 13.

fest, daß die Schrift nicht gebrochen werden, oder irgend etwas falsches oder verwerfliches enthalten könne*): und seine Apostel erklären die Schriften des Alten Testaments ausdrücklich sämtlich für von Gott eingegebne Schriften **). Auch wird klar gemeldet, daß Moses verschiedene Geschichte und Gesetze auf einen dazu von Gott empfangenen Befehl geschrieben habe ***): und von Jesaias und Jeremias, daß sie ihre Weissagungen wenigstens zum Theil auf göttlichen Befehl aufgeschrieben haben ****). Es steht aber nicht zu zweifeln, daß sich dieser Befehl auch auf die übrigen gleichwissenswürdigen Geschichte und Gesetze im Moses, und auf die übrigen gleichbehaltenswürdigen Weissagungen in den Propheten erstreckt haben werde. Und fertigten diese heiligen Männer ihre Schriften auf einen ausdrücklichen dazu von Gott empfangenen Befehl aus: so steht auch nicht zu zweifeln, daß Gott die Ausfertigung derselben in seine besonderste Aufsicht genommen haben werde.

Anmerkungen. Die Verheissung Christi an seine Apostel erstreckte sich zwar nicht unmittelbar auch auf Paulum, weil Paulus keiner von den Zwölfen war, welchen Christus diese Verheissung ertheilte. Aber der Grund derselben war das von ihnen zuführende Apostelamt, und die dazu nöthige Erleuchtung und Weisheit. Da nun Christus dasselbe, wie wir aus der Apostelgeschichte wissen, auch nachmals dem Paulus übertragen hat; so ist nicht

zu

---

*) Joh. 10, 35.   **) 2 Tim. 3, 16.
***) 2 Mos. 17, 14. 5 Mos. 31, 19 – 21.
****) Jes. 8, 1. 30, 8. Jer. 30, 2. 36, 2.

zu zweifeln, daß er auch sowohl als die übrigen Apostel diesen Geistesbeistand bei allen Handlungen seines Apostelamts, mithin auch bei Ausfertigung seiner apostolischen Briefe, genossen haben werde. Auch behauptet er denselben in seinen Briefen wirklich zu haben und zu genießen *). Von der Eingebung der Schriften des Markus und Lukas wissen wir nichts weiter, als daß solche vom Johannes, und folglich doch mit Eingebung bestätigt, und der Kirche zum Gebrauche empfohlen seyn sollen.

§. 111.

Aber diese besondere Regierung und Mitwirkung Gottes zur Ausfertigung unserer heiligen Bücher, welche wir die göttliche Eingebung derselben zu nennen pflegen, haben wir uns schlechterdings nicht nothwendig so vorzustellen, daß Gott dieselben den Verfassern von Wort zu Wort innerlich oder äusserlich in die Feder gegeben habe. Zuvörderst wäre dieses ein unnöthiges Wunder gewesen, da die Verfasser alles, was sie geschrieben, ohnedem wissen und schreiben konnten: die Geschichte, welche sie schrieben, weil sie Augenzeugen derselben gewesen waren, oder sie doch von Augenzeugen haben konnten: und die Lehren und Weissagungen, welche sie schrieben, weil ihnen solche vorhin bekannt oder geoffenbart, und daher auch von ihnen größtentheils mündlich mehrmals vorgetragen worden waren. Hiernächst aber reden die Verfasser augenscheinlich überall selbst nach ihrer

von

---

*) Gal. I, 11. 12. 1 Kor. 7, 40. 14, 37. 2 Kor. 12, 11.

von den Sachen habenden Erkenntnis: und wollen überall selbst für die Redenden und nicht für bloße Werkzeuge göttlicher Reden angesehen seyn. Auch wenn die Propheten Gott redend einführen: so thun sie solches blos, weil sie im Namen oder auf Vollmacht und Befehl Gottes redeten, oder ihnen vom Herrn geoffenbarte und vorzutragen befohlne Sachen vortrugen. Ob wir nun daher gleich nicht genau bestimmen können, was und wie viel wir der göttlichen Eingebung bei unsern heiligen Büchern zuzuschreiben haben: und ob es gleich sehr wahrscheinlich ist, daß wir derselben nicht überall einerlei und gleich viel zuzuschreiben haben: so ist doch so viel gewiß, daß die Verfasser alles, was sie geschrieben, selbst gedacht, und nach eigner Wahl und mit eigner Anwendung ihres Verstandes geschrieben haben. Ist die Meinung, daß den Verfassern der göttlichen Schriften nicht alles von Wort zu Wort eingegeben worden, richtig: so müssen wir von ihren Schriften nicht diejenige Vollkommenheit verlangen, nicht diejenige genaue Wahl des Inhalts, der Worte, der Bilder, der Beweise u. s. w. welche darin wahrzunehmen seyn würde, wenn sie von Gott unmittelbar geschrieben, oder den Verfassern in die Feder gegeben worden wären. Ein jeder derselben hat nach seiner besten Erkenntnis geschrieben. Und daher könnte vielleicht manches ohne Nachtheil des göttlichen in der Schrift verfaßten Religionsunterrichts weggeblieben, und manches anders, besser und verständlicher geschrieben worden seyn. Es ist genug,

nug, daß Gott durch die Eingebung doch dafür gesorgt hat, daß uns dieses, und so viel, als uns zu wissen nothwendig war, aufgeschrieben, und daß nichts falsches, nichts zum Zwecke schlechterdings unnützes, und nichts schlechterdings unverständliches geschrieben worden ist.

§. 112.

Und alle die unwahrscheinlichen, und dem Anscheine nach unnützen, anstößigen und unverständlichen Sachen und Stellen sind doch in den Schriften des Alten Testaments anzutreffen. Aber von diesen Schriften haben wir wohl zu bemerken, daß sie zuerst und ursprünglich nicht zu einem Glaubensgrunde für alle Menschen, sondern zur Unterweisung und Erbauung der Israeliten eingegeben worden sind. Also haben wir vorher zu untersuchen, ob diese Stellen und Sachen, welche uns so unnütz, oder anstößig, oder unverständlich scheinen, solches auch ursprünglich für die Israeliten gewesen seyn müssen. Christus und die Apostel haben der Kirche blos den Gebrauch der Schriften des Alten Testaments empfohlen: weil sie doch zur weitern Ausführung, Aufklärung und Bestätigung des durch ihre Reden und Schriften, uns überlieferten Lehrbegrifs nützlich sind. Und da können wir es auf das Gewissen eines jeden, der sie nur mit Verstande gelesen hat, ankommen lassen, ob sie nicht bei allen darin uns anscheinenden unwahrscheinlichen, unnützen, anstößigen und unverständlichen Sachen und Stellen, dazu doch wahrhaftig nützlich sind. Und es ist wahr, daß Christus und die Apostel das Urtheil der Juden von dem göttlichen Ursprunge derselben bestätigt, und sie daher auch zum Beweise ihrer Lehre gebraucht und angeführt haben. Aber es kann nicht erwiesen werden, daß die Sammlung derselben von irgend einem Propheten mit einer göttlichen Offenbarung darüber gemacht worden: und Christus und die Apostel können gar wohl dieselbe überhaupt als eine Sammlung göttlicher Schriften bestätigt haben, wenn gleich ein oder das andere Buch, oder ein oder der andere Theil derselben, nicht ursprünglich mit Eingebung geschrieben worden war. Es folgt nur, weil sie kein Buch und keinen Theil derselben ausdrücklich ausgenommen haben, daß sie doch den Inhalt für durchgängig wahr und nützlich, wenigstens unschädlich erkannt haben müssen. Und nun zur Sache! Also lasset uns doch zweierlei uns wohl ins Gemüth drücken: erstlich daß die christliche Religion nicht unmittelbar an diese Bücher und an der göttlichen Eingebung derselben hängt; und zweitens, daß uns alle diese Anstöße höchstens zu nichts weiter veranlassen können, als die ursprüngliche göttliche Eingebung mancher Bücher oder Stücke des Alten Testaments in Zweifel zu ziehen: daß es aber die größte Uebereilung seyn würde, um deswillen die Eingebung desselben überhaupt und des darin verfaßten Religionsunterrichts in Zweifel zu ziehen. Lasset uns recht wohl behalten, daß die

Gött-

Göttlichkeit der christlichen Religion und die Göttlichkeit des Canonis überhaupt, und des Alten Testaments insonderheit, nicht mit einander nothwendig verknüpfte Dinge sind.

Anmerkung. In dem Neuen Testamente ist die Offenbarung Johannes das einzige Buch, dessen Eingebung wegen der Dunkelheit seines Inhalts in Zweifel gezogen werden möchte. Aber ein jeder Christ mag es wissen, daß schon von einigen in der Kirche daran gezweifelt worden ist; ob solche auch ein Werk vom Johannes seyn dürfte. Und ein jeder Christ mag wissen, daß die Eingebung einiger Stücke und Bücher des Alten Testaments, deren Inhalt als unwahrscheinlich, oder unnütz, oder anstößig angesehen worden, z. E. des Hohen Liedes, selbst von Gottesgelehrten in Zweifel gezogen wird. Wer Lust hat sich hierüber ausführlicher zu unterrichten, dem empfehle ich meine Untersuchung über die göttliche Eingebung der heiligen Schrift.

§. 113.

Ein neuer fünfter Anstoß gegen die Wahrheit und Göttlichkeit der christlichen Religion erwächst aus der Unbegreiflichkeit und Unverständlichkeit verschiedener Lehren derselben. Dergleichen sind die Lehren von der Dreieinigkeit, von der Menschwerdung des Sohnes Gottes, und von der künftigen Auferstehung des Fleisches. Sollte uns Gott Lehren zu glauben vorgeschrieben haben, davon wir nichts verstehen? Oder können Lehren von einigen Nutzen zur Gottseligkeit seyn, die wir nicht begreifen, und daher nicht verstehen? Allein gegen diesen Anstoß ist zweierlei hinreichend. Einmal: wenn das hinreichend seyn sollte, eine Lehre zu verwerfen, weil sie etwas unbegreifliches enthält: so würden die ersten und unleugbarsten Wahrheiten von Gott verwerflich seyn. Der erste Begrif von Gott, daß er ein ewiges, unerschafnes, durch sich selbst bestehendes Wesen ist, macht unserm Verstande nicht geringe Mühe. Wir kennen keine andere, als ausser sich gegründete Dinge; und können uns daher nicht vorstellen, wie ein Ding den Grund seines Seyns in sich selbst haben kann. Aber so wahr ein Gott ist, muß er auch ein selbstständiges, oder durch seine eigne Kraft bestehendes Wesen seyn: und das hindert uns nicht, ihn dafür zu erkennen, daß wir solches nicht begreifen. Also darf es uns nicht befremden, wenn es auch in der christlichen Religion eines und das andere unbegreifliche giebt. Verstehen müssen wir alles, was wir glauben sollen. Wie könnten wir die Selbstständigkeit Gottes glauben, wenn wir nicht, was damit von Gott gelehrt würde, verstünden? Aber begreifen dürfen wir nicht alles. Hiernächst oder zum andern lasset uns sorfältig zusehen, ob die Lehren, welche uns so unbegreiflich und unverständlich scheinen, auch sämtlich wirkliche Lehren der Schrift sind. Es ist manche sehr einfältige und an sich sehr faßliche Wahrheit durch menschliche Einkleidungen und Zusätze ihrer ursprünglichen Einfalt und Faßlichkeit beraubt worden. Also müssen wir uns nicht übereilen, und gleich alles für eine Lehre der Schrift und chriſtlichen Religion halten. Es enthält z. E. viel unwahrſcheinliches und unbegreifliches, daß dieſelben Leiber, welche in die Verweſung gegangen, und Theile anderer Leiber geworden ſind, in der Auferſtehung wieder hergeſtellt werden ſollen. Aber wie, wenn die künftige Auferſtehung nichts anders begreifen dürfte, als daß Gott die Seelen wieder mit neuen Leibern vereinigen wird? Daß, wie Paulus es erklärt, nicht der Leib, der in die Erde kömmt, derjenige iſt, der werden ſoll, ſondern Gott einen Leib geben wird? Und die Auferſtehung der Todten eben ſo zu verſtehen iſt, wie man von einer abgebrannten und wieder hergeſtellten Stadt ſagt, daß ſie aus ihrer Aſche hervorgegangen ſey?

Anmerkung. Es iſt vorzüglich nöthig, daß ein jeder Chriſt angewieſen werde, den Lehrbegrif der chriſtlichen Religion nach keinem menſchlichen Lehrgebäude darüber, ſondern lediglich nach der heiligen Schrift, zu beurtheilen. Wie nachtheilig muß widrigenfalls z. E. das Urtheil, darüber bei einem römiſchen Chriſten ausfallen!

§. 114.

Endlich ſcheint das viele Unheil, welches die chriſtliche Religion in der Welt angerichtet hat und fortgeſetzt anrichtet, einen gegründeten Argwohn wider den göttlichen Urſprung derſelben zu erwecken. Sollte eine Religion von Gott ſeyn, welche ſo viel Zwieſpalt, Zerrüttung und Blutvergießen unter den Menſchen

schen veranlaßt hat und fortgesetzt veranlaßt? So viel Trennungen, so viel Erbitterungen, so viel Gewaltthätigkeit und auch so viel Betrügerei? Sahe Gott diese Uebel nicht vorher? Und konnte er denn, da er sie vorher sahe, durch Einführung der christlichen Religion in die Welt der Urheber derselben werden? Auch dieser Anstoß verschwindet, wenn wir nur zweierlei erwägen. Das erste ist, daß die christliche Religion doch an allen diesen Uebeln nicht Schuld ist: daß sie, die sie überall die Sanftmuth, die Demuth, die Verträglichkeit und die Gedult mit den Irrenden lehrt, ohnmöglich die Zanksucht, den Verfolgungsgeist, und Haß und Gewalt gegen den Irrenden hervorgebracht haben kann; daß wegen der Unart der Menschen diese Uebel auch bei jeder andern Religion in der Welt seyn würden, und wirklich in derselben sind: daß wir solche nicht der Religion, sondern dem Stolze, der Herschsucht, der Lieblosigkeit und den Leidenschaften der Menschen, nicht der Religion, sondern dem Mangel derselben, und der unterlaßnen Ausübung derselben zuzurechnen haben. Und daß auch selbst an den Uneinigkeiten und unseligen Zänkereien über den Sinn derselben, gar nicht eine gewisse Dunkelheit oder Zweideutigkeit ihrer Lehren und Unterweisungen, sondern ganz andere Ursachen Schuld sind. Man ist darüber uneins, ob Gott aller Menschen Seligkeit wolle oder nicht. Hat die Schrift etwa die Sache so unentschieden gelassen, oder sich darüber so zweideutig ausgedrückt, daß man darüber uneins seyn muß?

Beantwortung der Einwürfe. 173

muß? Das andere aber, daß wir den Uebeln, welche sie ohne ihre Schuld veranlaßt hat, auch das viele und große Gute entgegenstellen müssen, welches mit derselben in die Welt gekommen ist, und fortgesetzt in die Welt kömmt. Sie hat, wohin sie sich verbreitet hat, die Altäre der Götzen umgestürzt, und die Erkenntnis des wahren Gottes aufgerichtet. Eine Menge Laster, welche vorhin im Heidenthum kaum für Laster erkannt wurden, sind mit ihr, wo nicht gänzlich vertilget, doch augenscheinlich seltener geworden. Selbstmord, Kindermord, Blutschande, unnatürliche Unzucht, Empörung. Die wildesten Völker haben mildere Sitten angenommen. Und was für Tugenden, und wie viel Tugenden flößt sie nicht ihren Bekennern ein! Die Tugend des gemeinsten und einfältigsten Christen ist eine vollständigere und vollkommnere Tugend, als die Tugend der weisesten Heiden war. Und die Beruhigung, welche das Christenthum giebt! Ihr sagt: aber diese Wohlthaten werden nur denjenigen zu Theil, die dasselbe glauben und ausüben. Das ist nicht ganz wahr: nachdem das Christenthum gewisse Vortheile mit sich führt, die sich auf einen jeden verbreiten. Aber wie groß, wie unabsehlich groß, wird dereinst die Menge derer seyn, welche seit der Einführung derselben in die Welt bis ans Ende derselben durch dasselbe beruhigt, geheiligt und zu einer großen Seligkeit versammlet seyn werden! Nun aber hat doch Gott das Gute, das überwiegende Gute übersehen und berechnen können, welches mit dem Christenthum

ſtenthum in die Welt kommen würde. Sollte er nun wegen der Uebel, die es auch veranlaßt hat, und fortgeſetzt veranlaßt, daſſelbe hinweggelaſſen haben: ſo müßte er auch das menſchliche Geſchlecht aus der Reihe der Dinge weggelaſſen haben, und nicht der Urheber des menſchlichen Geſchlechts ſeyn können. Denn mit demſelben iſt auch viel Böſes in die Welt gekommen: und kömmt fortgeſetzt viel Böſes in dieſelbe.

Das fünfte Hauptſtück.
Anwendung des geführten Beweiſes.

§. 115.

Dis iſt aufrichtig das wichtigſte und ſcheinbarſte, was der Wahrheit und Göttlichkeit der chriſtlichen Religion entgegengeſtellt werden kann. Der Verfaſſer kann den Leſern, nachdem er alles, was der Unglaube von je her dagegen eingewandt hat, mehrmals geſammlet und geprüft hat, vor Gott verſichern, daß alles übrige von geringerer Erheblichkeit iſt. Aber ſo wenig auch nur zur Widerlegung dieſer Einwürfe, um nicht weitläuftig zu werden, geſagt worden iſt; ſo hinreichend wird es doch zur Ueberzeugung der Leſer von der Beantwortlichkeit derſelben ſeyn. Und ſo wird damit von der Wahrheit der evangeliſchen Geſchichte, und mit derſelben von der Wahrheit und Göttlichkeit der

chriſtli=

christlichen Religion, schlechterdings nichts aufgelöset. In keinem Falle müſſen uns Einwürfe, wenn wir ſie auch nicht beantworten können, bewegen, eine wohl erwieſene Wahrheit aufzugeben. Aber das Unrecht würde noch gröſſer ſeyn, wenn wir doch dem Urtheile nicht widerſtehen könnten, daß ſie nicht unbeantwortlich ſind. Laſſet uns den geführten Beweis nicht aus der Hand legen, ohne ihn zu einem bleibenden Nutzen für unſere Seelen anzuwenden!

§. 116.

Alſo iſt und bleibt es denn wirklich göttliche Wahrheit: alſo hat Gott die Welt geliebt, daß er ihr ſeinen eingebornen Sohn gab, auf daß alle, die an ihn glauben, nicht verloren werden, ſondern das ewige Leben haben. Und wirklich göttliche Wahrheit: es ſey denn, daß Jemand von neuem geboren werde, ſo kann er nicht in das Reich Gottes kommen; nur wenn wir im Lichte wandeln, gleichwie er im Lichte iſt, macht uns das Blut ſeines Sohnes von unſern Sünden rein: und Preis und Ehre und unvergängliches Weſen denen, die mit Geduld in guten Werken trachten nach dem ewigen Leben *). Aber wenn das wirkliche göttliche Wahrheit iſt: was denn, Freund und Leſer, wenn du gleichwohl nicht an den Sohn Gottes glaubſt? nicht
- wieder-

*) Joh. 3, 5. 1 Joh. 1, 7. Röm: 2, 7:11.

wiedergeboren bist? nicht im Lichte wandelst? nicht im Stande guter Werke nach dem ewigen Leben trachtest? Wozu deine Ueberzeugung? Hat sie auch einen vernünftigen Grund und Zweck, wenn sie blos Ueberzeugung bleibt? Du sagst, ich nenne aufrichtig Jesum meinen Herrn: ich schäme mich nicht diese meine Ueberzeugung von ihm zu bekennen: ich eifere wider die Ungläubigen: und ich lasse mir angelegen seyn, meine Ueberzeugungen andern mitzutheilen. Das ist etwas, das du denselben nicht schuldig bleiben kannst? und es wäre äusserst strafbar, wenn du die christliche Religion für eine göttliche Religion erkennen, und doch nicht deine davon habende Ueberzeugung vor den Menschen bekennen, und noch gegen Lästerung und Verleumdung derselben gleichgültig bleiben wolltest. Aber du bist angewiesen, in dieser von dir für göttlich erkannten Religion angewiesen, deine Seligkeit mit Furcht und Zittern zu schaffen, solche nicht anders als im Glauben an den eingebornen Sohn, als in der Ordnung einer neuen Geburt, eines Wandels im Lichte ist, und eines beharrlichen Standes guter Werke zu erwarten. Begehrst du keine Seligkeit und keine Gewißheit von deiner Seligkeit? Wohlan, so ist denn nicht mehr nöthig, als daß du glaubst, und deinen Glauben bekennest, und über den Unglauben seufzest. Es ist klar, daß dein Glaube ein unnützer Glaube ist, wenn dein Leben nicht deinem Glauben gemäß ist: und daß nur dein Gericht desto grösser seyn wird, je grösser deine Ueberzeugung war.

§. 117.

Anwendung des geführten Beweises.

§. 117.

Ja, Freunde, der Zweck der Sendung Jesu Christi, der Zweck aller der Wunder, mit welchen ihn Gott in die Welt eingeführt, und in der Welt versiegelt hat, ist an euch verloren, wenn und so lange euer Christenthum nichts weiter als Glaube ist. Die Heiligung, die Beruhigung, die Seligkeit, welche euch Gott mit demselben bereitet hat, ist an die Ausübung desselben geknüpft. Es werden nicht alle, die zu mir sagen Herr, Herr, in das Himmelreich kommen, sondern die den Willen meines Vaters der im Himmel ist, thun *). Und fühlt doch den Widerspruch, fühlt doch die Verdammung eures Gewissens, und fühlt doch die Verspottung Gottes, wenn und so lange ihr mit Petro sagt, Herr, du hast Worte des ewigen Lebens, und gleichwohl nicht hinzusetzt: und nach diesen wollen wir gewissenhaft zum ewigen Leben wandeln. Fühlt doch den Widerspruch, und die Verspottung Gottes, es für ein Wort Gottes zu erkennen, und predigen lassen in seinem Namen Buße und Vergebung der Sünden; und doch in der Unbußfertigkeit zu beharren: es für ein Wort Gottes zu erkennen, trachtet am ersten nach dem Reiche Gottes und nach seiner Gerechtigkeit; und doch immer fort am ersten, und am meisten nur nach den vergänglichen Vergnügungen dieses Lebens zu trachten: es für ein Wort Gottes zu erkennen, du sollst lieben, Gott deinen Herrn, von

ganzem

*) Matth. 7, 21.

ganzem Herzen, und deinen Nächsten als dich selbst;
und doch weder Gott noch den Nächsten wahrhaftig zu
lieben: es für ein Wort Gottes zu erkennen, selig sind
die Sanftmüthigen, und doch Gift und Galle gegen seinen Widersacher in sich zu ernähren: es für ein Wort
Gottes zu erkennen, seyd barmherzig, wie euer Vater,
der im Himmel ist, barmherzig ist; und doch sein Herz
gegen den Nothleidenden verschliessen: es für ein Wort
Gottes zu erkennen, die Hurer und Ehebrecher wird
Gott richten; und doch unzüchtige Lüste in sich zu ernähren.

§. 118.

Sollen wir etwa hier alle Gebote des Evangeliums
hernennen, und euch, Freunde, die ihr die Wahrheit und
Göttlichkeit desselben nicht erkennen könnet, bei der
Göttlichkeit desselben beschwören, aufrichtigen Gehorsam
gegen dieselben zu beschliessen? Nein, aber zum Bestreben
nach einer vollständigen, bestmöglichsten Erkenntnis aller
Gebote des Evangeliums können wir nicht unterlassen,
einen jeden zu verpflichten. Und zum Bestreben nach einer möglichst vollkommnen Erkenntnis der christlichen
Religion überhaupt. Das muß natürlich der erste Eindruck seyn, den die erkannte Göttlichkeit derselben in unserm Gemüthe hervorbringt, daß wir begierig werden,
den Inhalt derselben wohl zu erfahren. Wie können wir
ausüben, was wir nicht wissen? Offenbar können wir
nicht mehr von der Lehre Jesu beschliessen, als wir von
derselben erkennen: und wenn unsere Erkenntnis falsch
ist;

ist; so muß es auch unsere Gottseligkeit seyn. Ja, ein gewissenhaftes Bestreben nach einer möglichst richtigen, vollständigen und gewissen Erkenntnis der christlichen Religion ist die erste Pflicht, welche wir derselben schuldig sind. Zunächst und vornehmlich in Ansehung der Gebote und Pflichten derselben. Denn diese gehören zunächst für das Leben: und in Ansehung dieser ist daher Unwissenheit oder Irrthum am gefährlichsten. Aber auch in Ansehung der Glaubenswahrheiten. Die meisten Anstöße entstehen aus unrichtigen Vorstellungen derselben: und an einer richtigen und überzeugenden Erkenntnis derselben hängen alle Pflichten. Wenn kein Gott ist: so giebt es keine Pflicht, ihn zu verehren. Wenn keine Vorsehung ist: so giebt es keine Pflicht, ihr zu vertrauen. Wenn kein zukünftig Leben ist: so giebt es keine Pflicht, nach demselben zu trachten. Aber zuverläßig kann sich Niemand von meinen Lesern an denjenigen Religionsunterricht halten, welchen er in seiner Jugend empfangen hat. Und wenn er vollkommner war, als er gemeiniglich zu seyn pflegt; so hatte er ihn in einem Alter empfangen, in welchem er ihn noch wenig zu prüfen, und nach Vernunft und Schrift zu prüfen vermögend war. Noch einmal! die Ueberzeugung von der Göttlichkeit der Lehre Jesu legt uns die Pflicht auf, die gewissenhafteste Ausübung derselben zu beschliessen: und die Ausübung derselben setzt Erkenntnis derselben zum voraus. Daher die Pflicht, alle Hülfsmittel und Gelegenheiten zur Erkenntnis derselben zu gebrauchen.

§. 119.

Das fünfte Hauptstück.

§. 119.

Und Niemand verstehe doch das Wort des Apostels: Gott ist es, der in euch wirkt beide das Wollen und Vollbringen nach seinem Wohlgefallen *), so verkehrt und übel dahin, daß wir dabei nichts zu thun haben. Wenn nun die Erkenntnis des göttlichen Wohlgefallens in uns durch einen gewissenhaften Gebrauch darzu dienlicher Untersuchungen gewirkt, und ein heiliger Vorsatz zu demselben zu handeln, in uns durch Vorstellung darzu dienlicher Bewegungsgründe gewirkt worden ist; so müssen wir auch darzu thun, daß der erkannte Wille Gottes unserm Gemüthe beständig gegenwärtig sey, und von den vielen Gründen, denselben zu vollbringen, ein beständiger lebhafter Eindruck in unserm Gemüthe sey. Zu dem Ende ist es unsere Pflicht, die Erkenntnis von dem einem und dem andern in unserm Gemüthe oft und täglich zu erneuern, und mit andächtiger Erwägung derselben Gebet zu verknüpfen. Das Gebet ist ein natürliches Mittel, die erkannten göttlichen Wahrheiten und Vorschriften mit Zueignung auf uns zu erkennen, und also lebendig zu erkennen. Nun, Freunde, überseht vollständig, was ihr nach der Ueberzeugung von der Wahrheit und Göttlichkeit der christlichen Religion nicht ohne Verlust der Seligkeit ferner versäumen, oder auch nur verschieben könnet. Es vereinigt sich, auf ein gewissenhaftes Bestreben nach mehrerer und besserer Erkenntnis von den Lehren und Pflich-

ten

*) Phil. 2, 13.

Anwendung des geführten Beweises.

ten der christlichen Religion, als ihr euch zu haben überreden könnet: zu einer gewissenhaften Anwendung aller habenden Mittel und Gelegenheiten, an die erkannten Wahrheiten und Pflichten erinnert zu werden: zu einem gewissenhaften Bemühen nach einem beständigen Eindrucke von denselben: und zu dem Ende, zu einer täglichen andächtigen und mit Gebet zu begleitenden Erwägung derselben. Thut dieses gewissenhaft und ohne Aufschub gewissenhaft: und alsdenn urtheilt über die Möglichkeit und Seligkeit, ein Christ zu seyn.

§. 120.

Die Religion glauben und nicht ausüben, das heißt dergestalt mit sich selbst im Widerspruch leben, dergestalt seinem Gewissen Gewalt zufügen, und dergestalt Gott verspotten, daß wir geneigt sind, bei einem jeden, der sie nicht ausübt, entweder Unwissenheit in Ansehung der Vorschriften und Forderungen, oder stillen Unglauben in Ansehung der Wahrheit und Göttlichkeit derselben zu argwohnen. Daher komme doch zur Erkenntnis der Religion, und der Gebote der Religion vorzüglich Ueberzeugung von derselben, und sorgfältige Bewahrung der erlangten Ueberzeugung und fortgesetzte Bemühung nach Vermehrung derselben hinzu. Wir hoffen, unsern Lesern gefällig zu werden, wenn wir, der Absicht dieser Blätter gemäß, noch einige dahin gehörige Unterweisungen hinzufügen. Die erstere betrift den geführten Beweis. Es war solches ein historischer Beweis, oder der Beweis einer Geschichte. Und kein anderer kann für die Wahrheit und Göttlichkeit der christlichen Religion jemals verlangt und geführt werden. Die Wahrheit und Göttlichkeit derselben beruht darauf, daß ein Jesus gelebt, diese Lehre unter den Menschen verkündigt, dieselbe unmittelbar von Gott zu haben behauptet, und solches mit Wundern bewiesen hat. Aber das sind lauter Geschichte: und auf der Glaubwürdigkeit der sogenannten Evangelien beruhen diese Geschichte. Also aber begehre man auch keine andere Art, und keinen andern Grund der Gewißheit, als dergleichen von Geschichten möglich ist. Ein jeder erkenne den großen Vortheil mit Dank, daß die Beweise des Christenthums keine Tieffsinnigkeit erfodern: daß der gewisse Verstand hinreichend ist, zu fühlen, daß die Geschichte Christi kein Roman seyn kann, und sodann den Zusammenhang zwischen der Wahrheit dieser Geschichte und der Wahrheit der christlichen Religion zu übersehen. Aber er sey nicht so unbillig, und fordere eine Art der Gewißheit, deren dieselbe nicht fähig war.

Anmerkung. Man kann wohl nicht überhaupt sagen, daß sich die christliche Religion darin von allen übrigen Religionen in der Welt unterscheide, daß sie auf Geschichten beruht. Dis ist nur in so fern wahr, daß selbst der Inhalt derselben zum Theil aus Geschichten besteht. Aber daß die Ueberzeugung von derselben an der Ueberzeugung von gewissen Geschichten hängt, und daß sich jede davon mögliche Beweisart endlich doch in die Wahrheit gewisser Geschichte auflöset, ist unläugbar. Auch die Ueberzeugung

gung aus der Lehre löset sich endlich dahin auf, daß die Urheber derselben göttliche Offenbarungen genossen haben müssen.

§. 131.

Wenn wir aber behaupten, daß der Beweis für das Christenthum nie ein anderer seyn könne, als ein Beweis für die Wahrheit der evangelischen Geschichte; so ist gar nicht unsere Meinung, daß in demjenigen, welcher in diesen Blättern geführt worden ist, alles erschöpft worden sey, was zur Ueberzeugung von derselben gesagt werden kann; oder daß dieses die einzige mögliche Beweisart für dieselbe sey. Es giebt unglaublich viele und mannigfaltige Beweisarten derselben: und wir verpflichten daher einen jeden, der dazu Zeit und Gelegenheit hat, seine Ueberzeugung durch mehrere Beweise und Beweisschriften für das Christenthum zu vergrößern. Wir halten nur den geführten Beweis zu der Ueberzeugung vollkommen hinreichend, daß die evangelische Geschichte unmöglich ein Roman, und also das Christenthum unmöglich ein Roman seyn kann. Und wenn daher Jemand auch keinen weitern oder andern Beweis dafür zu lesen oder zu hören Gelegenheit haben sollte; so muß seine Ueberzeugung doch mit demjenigen, welchen er aus diesen Blättern empfangen hat, auf sein ganzes Leben gemacht seyn. In keinem Falle ist eine Mehrheit von Beweisthümern zur Gewißheit einer Sache nothwendig. Zweifeln wir wohl an der Wirklichkeit von irgend etwas, das wir durch die Sinne erkennen,

nen, z. E. daß eine Sonne ist? Und dafür haben wir doch nur einen einzigen Beweis: die Erfahrung oder Empfindung. Und was einen einzigen tüchtigen Beweis für sich hat, das kann unmöglich falsch seyn. Ein einziger glaubwürdiger Zeuge z. E. ist hinreichend zur Gewißheit von einer Begebenheit. Davon haben wir oben geredet. Wenn uns z. E. ein Sterbefall von einem einzigen gemeldet wird, der denselben wissen konnte, und von dem wir keinen Betrug zu besorgen haben; so fällt uns nicht ein, solchen in Zweifel zu ziehen. Also ist es auch unserer sonstigen durchgängigen Denkungsart gemäß, einen einzigen tüchtigen Beweis für hinlänglich zu halten.

§. 122.

Diese Bemerkung können wir noch auf eine andere Weise nutzen. Und wenn ausser denjenigen Beweisen, mit welchen Gott die christliche Religion versehen hat, noch mehr Beweise und noch augenscheinlichere Beweise möglich gewesen wären: wenn es z. E. der göttlichen Weisheit auch nicht dergestalt widerspräche, als ihr wirklich widerspricht, die Religion mit fortgesetzten Wundern zu bekräftigen: so könnte uns der Mangel mehrerer möglich gewesener Beweise doch schlechterdings nicht berechtigen, uns gegen diejenigen zu verhärten, welche wir wirklich haben. Halten wir wohl jemals die Wirklichkeit einer vorgefallnen Begebenheit, z. E. einer Jemanden zugefügten Beschimpfung, noch nicht

durch

Anwendung des geführten Beweises.

durch das übereinstimmende Zeugnis mehrerer dabei gegenwärtig gewesener Leute für entschieden, weil doch ausser denselben noch mehrere dabei gegenwärtig gewesene Leute darüber vernommen werden könnten. Oder ist eine Handschrift, die ein Schuldner erkennt, um deswillen noch nicht zum Beweis seiner Schuld hinreichend, weil der Beweis durch Zeugen fehlt, dergleichen auch möglich war? In keinem Falle verliert ein zur Ueberzeugung hinreichender Beweis damit etwas von seiner Kraft, daß nicht noch mehrere für das bewiesene mögliche Beweise geführt werden oder geführt werden können. Das lasset uns wohl eindrücken! Es könnte bei Gründung des Christenthums in der Welt noch mehr zur Ueberzeugung von demselben geschehen seyn: und es könnte noch in unsern Tagen allerlei zur Ueberzeugung von demselben geschehen, das nicht geschieht. Aber es wäre Unsinn, wenn wir demjenigen, was zu dem Ende geschehen ist, um deswillen unsern Glauben versagen wollten, weil noch mehr geschehen seyn, und beständig geschehen könnte. Es wäre Unsinn, wenn wir uns gegen die Wunder, mit welchen das Christenthum wirklich versiegelt worden ist, um deswillen verhärten wollten, weil dasselbe noch mit mehr Wundern und mit andern Wundern, z. E. mit Wundern in der Luft hätte versiegelt werden können, und fortdauernd versiegelt werden könnte. Wenn noch immer so lange ein Beweis unzulänglich seyn sollte, als noch mehr Beweise möglich wären; so wäre niemals ein hinreichender Beweis für das Christenthum möglich gewesen. Denn es waren noch immer mehrere möglich, noch immer mehrere Wunder und andere Wunder.

Anmerkung.. Diese Betrachtung zeigt sowohl das ungereimte, als das ungerechte in der Forderung, daß Gott noch mehr gethan haben, und fortgesetzt thun sollte, als er wirklich gethan hat und fortgesetzt thut: sowohl das ungereimte, als auch ungerechte, z. E. in der Forderung, daß Gott das Evangelium hätte eben so mit Stimmen vom Himmel publiciren sollen, als das Gesetz, oder durch eine solche Folge von Propheten und Wunderthätern in der Kirche erhalten, als das Gesetz. Es steht überdem zu zeigen, daß bei manchen noch möglich gewesenen Beweisen, z. E. bei mehr Vorsorge der Evangelisten für die Glaubhaftigkeit ihrer Erzählungen, die Ueberzeugung, oder bei noch mehr und andern Wundern, mehr gehindert, als vergrößert worden seyn würde. Gerade daß die Evangelisten so wenig thun, um ihre Erzählungen glaubhaft zu machen, macht dieselben desto glaubhafter: und daß sie Christum nicht noch mehrere und andere auch von ihm begehrte Wunder thun lassen, machte diejenigen, die er nach ihren Berichten gethan hat, desto unverdächtiger.

§. 123.

Schon die Forderung würde höchst ungerecht seyn, daß Gott ausser den Beweisen, mit welchen er das Christenthum wirklich versehen hat, dasselbe noch mit mehreren versehen haben und fortgesetzt versehen sollte. Aber noch ungerechter wird sie, wenn verlangt wird, daß es ganz unwiderstehliche Beweise seyn sollten: daß Gott alle Zweifel und Einwürfe hätte unmöglich machen

Anwendung des geführten Beweises.

machen sollen. Dis war vermöge der Natur der christlichen Religion nicht möglich: und vermöge des dafür allein möglichen Beweises nicht möglich. Nicht vermöge der ersten. Das Christenthum konnte schlechterdings nicht ohne Wunder in die Welt eingeführt werden. Die Darstellung und die ganze Person Jesu Christi war ein Wunder: und mußte ein Wunder seyn. Und die Ueberzeugung von der Göttlichkeit seiner Person und Lehre konnte nicht ohne Wunder geschehen. Aber so waren auch stille Zweifel dagegen unvermeidlich. Es konnte nicht unterbleiben, daß man die Geschichte des Christenthums mit seinen Erfahrungen verglich, und weil dieselben nichts ähnliches lieferten, es unwahrscheinlich befand. Und es war kein Beweis für das Christenthum möglich, dabei durchaus keine Zweifel möglich geblieben wären. Dergleichen findet nur in den Fällen statt, da entweder etwas durch die Sinne erkannt wird, oder aus andern unumstößlichen Vernunftswahrheiten erweislich ist. Aber weder auf die eine noch auf die andere Art konnte der Beweis für das Christenthum eingerichtet werden. Die Ueberzeugung von demselben mußte schlechterdings auf gewisse Geschichte gegründet werden. Und wenn auch Gott dasselbe fortgesetzt mit Wundern bekräftigte; so würde doch derjenige, der diese Wunder nicht selbst sähe, dieselben glauben müssen. Aber eine Geschichte sey noch so glaubwürdig; so werden wir nicht unwiderstehlich genöthigt, sie zu glauben. Und je älter eine Geschichte ist; desto

geneigter

geneigter sind wir, an der Wahrheit derselben zu zweifeln.

§. 124.

Indem wir behaupten, daß Gott die Sache des Christenthums schlechterdings nicht also habe einrichten können, daß gar kein Zweifel und kein stiller Argwohn gegen dasselbe möglich blieb; so behaupten wir gar nicht, daß solche auch gerecht und gegründet sind; oder daß es zu entschuldigen sey, wenn Jemand in denselben unterliegt. Freunde, zu deren Händen diese Blätter gelangt sind, wir beschwören auch nochmals, den in denselben geführten Beweis mit gewissenhafter Wahrheitsliebe durch zu denken, und wenn ihr ihn durchgedacht habt, euer Urtheil über die christliche Religion fest zu setzen. Entweder entscheidet, daß die Geschichte Christi bei dem allen eine erdichtete Geschichte seyn kann; oder widersteht nicht der Ueberzeugung, daß seine Lehre eine wahre und göttliche Lehre war. Und diese Ueberzeugung setzt allen euch aufstoßenden Zweifen und Anstößen entgegen. Entweder es sind blos stille Argwohne, daß doch alles Betrug oder Schwärmerei seyn dürfte: blos aus der Wirklichkeit oder Menge der Ungläubigen gezogene Vermuthungen, daß es doch Gründe wider das Christenthum geben müsse. Oder es sind wirkliche Einwürfe und Zweifel, die euch entweder selbst aufstossen, oder von andern herrühren. Im erstern Falle wäre es unverantwortlich, wenn ihr eine deutliche Erkenntnis

kenntnis und Ueberzeugung, daß das Christenthum von Gott ist, einem blos blinden Argwohn, daß doch das Gegentheil seyn könnte, und der bloßen Vermuthung, daß der Unglaube auch Gründe haben müsse, aufopfern wolltet. Wer würdet ihr seyn, wenn ihr Gründe für das Christenthum, und keinen darwider erkennet; und doch noch die Sache des Christenthums für unentschieden hieltet? blos weil es möglich seyn dürfte, daß es doch Gründe wider dasselbe gäbe, oder weil es Leute giebt, welche dergleichen zu haben glauben? Habt ihr wirklich Zweifel und Einwürfe; so kömmt es darauf an, ob ihr Zeit und Kräfte habt, dieselben zu untersuchen. Ist das: so untersucht sie, gewissenhaft: und nehmt dabei andere erleuchtete Christen zur Hülfe: und vermeidet die Uebereilung, für unbeantwortlich zu halten, was ihr nicht beantworten könnt, oder nicht dieser oder jener beantworten kann. Den Rath eignen wir uns nicht zu, daß ein Christ wider die seinen Glauben anfechtenden Zweifel beten müsse. Wir rathen einem jeden, der Zeit und Kräfte hat, dieselben zu prüfen: und wir sind gewiß, daß seine Ueberzeugung dabei gewinnen wird. Aber wem es an der dazu nöthigen Zeit oder Fähigkeit mangelt, der würde sehr übel thun, wenn er solche Zweifel in sich hegen, oder ihnen gar ununtersucht seine Ueberzeugung aufopfern wollte. Der hat die Pflicht auf sich, allen ihm aufstoßenden Zweifeln eine einmalige Ueberzeugung entgegen zu stellen: den Gedanken entgegen zu stellen, daß es unmöglich

irgend

irgend einen wahren Beweis für das Christenthum geben könne, wenn es wahre Beweisthümer wider dasselbe gäbe, und daß er gleichwohl einen wahren zur Ueberzeugung hinreichenden Beweis für dasselbe empfangen hat. Was würdet ihr von einem Richter gedenken, der, nachdem jemand sein Recht an etwas gründlich erwiesen hatte, ihm dennoch dasselbe auf dagegen gemachte Einwendungen absprechen wollte, ohne den Grund oder Ungrund, die Zulänglichkeit oder Unzulänglichkeit dieser Einwendungen zu untersuchen; oder wenn er gleich nicht Zeit oder Vermögen hätte, solche zu untersuchen? Ein rechtschafner Richter untersucht die Einwendungen; oder er hält sich an den geführten Beweis.

Anmerkung. Noch sträflicher und unverantwortlicher handeln Leute, welche nicht Zeit oder Kräfte haben, Zweifel und Einwürfe wider das Christenthum zu untersuchen, wenn sie dergleichen sogar sammlen, die Schriften der Ungläubigen lesen, oder mit Leuten, die dergleichen ausstreuen, Umgang und Bekanntschaft unterhalten.

§. 125.

Diese und andere Regeln wird ein jeder gewissenhaft beobachten, der gewissenhaft überlegt, daß an seinem Glauben seine Seligkeit hängt. Und sie hängt doch wahrhaftig bei einem jeden daran, dem Gott diesen Glauben möglich gemacht. Wir haben die Gerechtigkeit und Unausbleiblichkeit des Wortes Christi gesehen: predigt das Evangelium aller Creatur: und wer denn (nachdem es ihm ist geprediget worden) nicht

nicht glaubt, der wird verdammt werden: den Unterschied zwischen einem Missethäter gesehen, den sein Fürsprecher zur Darbringung seines Danks an demselben bekannt gemacht worden, und dem er nicht bekannt gemacht worden ist. Unser Heiland hat uns angewiesen, uns Gott nicht als einen ungerechten zu gedenken, der dereinst sollte erndten wollen, was er nicht gesäet hatte, oder wegnehmen wollen, was er nicht hingelegt hatte *). Aber das wird nicht Ungerechtigkeit seyn, wenn er dereinst das Maaß von Erkenntnis und Tugend fordern wird, das er gegeben. Und lasset uns mit dem heiligen Paulus sagen: Was gehen uns die an, die draussen sind? Was gehen uns die an, denen der Glaube an den Heiland, und der Gehorsam gegen seine allerheiligste Lehre nicht möglich geworden war? Uns hat ihn die Gütigkeit Gottes möglich gemacht. Also von uns kann und wird er ihn auch dereinst unausbleiblich fordern. Wir sind wirklich berufen, uns durch Christum zu Gott zu nahen, und nicht anders, als in Christo unsere Seligkeit von ihm zu erwarten. Darum gewissenhaft lasset uns den Beweisen des Glaubens nachforschen, die aus denselben erlangte Ueberzeugung bewahren, und daher bei uns aufstoßenden Zweifeln und Anstößen, um Gottes und unsers Heilandes willen, uns nicht übereilen, und nach dem Ruhme im Tode streben: ich habe den guten Kampf gekämpft: ich habe den Glauben gehalten **). §. 126.

*) Luc. 19, 22.   **) 2 Tim. 4, 7.

§. 126.

Aber auch wirklich darnach streben, daß wir dem Apostel des Herrn dereinst sowohl das erstere als das andere nachrühmen können. Uns es recht tief ins Gemüth drücken, daß der Glaube an das Evangelium ein Glaube ohne Zweck und Nutzen ist, wenn er nicht einen demselben gemäßen Wandel hervorbringt. An das Wort des heiligen Jakobus gedenken: die Teufel glauben es auch und zittern *). Wenn, sagt ein vortreflicher Schriftsteller, unser Glaube nicht weiter, als in unsern Büchern angetroffen wird: so können wir den Streit mit den Ungläubi... ...chen. Es ist ein bloßer Wortstreit. Nein, wir müssen wider die Feinde des Christenthums sowohl leben, als schreiben. Wir können es mit einiger Veränderung so fassen: wenn der Glaube blos in unserm Verstande angetroffen wird; so ist zwischen dem, der glaubt, und der nicht glaubt, kein Unterschied.

*) Jak. 2, 19.

E N D E.

www.ingramcontent.com/pod-product-compliance
Lightning Source LLC
Chambersburg PA
CBHW032145230426
43672CB00011B/2456